Actes de la Xème Session de L'EAA, Lyon Septembre 2004
Acts of the Xth Session of the EAA Congress, Lyon September 2004

L'archéologie et l'éducation

De l'école primaire à l'université

Archaeology and Education

From primary school to university

Edited by

Jean-Claude Marquet
Caroline Pathy-Barker
Claude Cohen

BAR International Series 1505
2006

Published in 2016 by
BAR Publishing, Oxford

BAR International Series 1505

Actes de la Xème Session de L'EAA, Lyon Septembre 2004 / Acts of the Xth Session of the
EAA Congress, Lyon September 2004
L'archéologie et l'éducation / Archaeology and Education

ISBN 978 1 84171 940 5

BAR Publishing is the trading name of British Archaeological Reports (Oxford) Ltd.
British Archaeological Reports was first incorporated in 1974 to publish the BAR
Series, International and British. In 1992 Hadrian Books Ltd became part of the BAR
group. This volume was originally published by Archaeopress in conjunction with
British Archaeological Reports (Oxford) Ltd / Hadrian Books Ltd, the Series principal
publisher, in 2006. This present volume is published by BAR Publishing, 2016.

Printed in England

BAR
PUBLISHING

BAR titles are available from:

BAR Publishing
122 Banbury Rd, Oxford, OX2 7BP, UK
EMAIL   info@barpublishing.com
PHONE   +44 (0)1865 310431
FAX   +44 (0)1865 316916
www.barpublishing.com

PRÉFACE

Par André Giordan,
Directeur du Laboratoire de Didactique et Epistémologie
des Sciences de l'Université de Genève

Personne ne peut en douter : acquérir une culture scientifique et technique est un enjeu pour nos sociétés en mutation. Il s'agit, bien entendu, d'une entreprise à long terme. Cette acquisition ne peut que s'étendre "tout au long de la vie", car les sciences et les techniques, par nature, ne cessent d'évoluer.

L'interrogation sur ce que doit être une éducation scientifique à l'école est au cœur de l'innovation et de la recherche didactique depuis une trentaine d'années. Malheureusement sans succès ! Passé l'âge de 11 ans, les jeunes s'ennuient dramatiquement dans les cours de sciences. Ces derniers encombrent l'esprit de détails inutiles, privant les élèves d'éléments de compréhension majeurs. Notamment, ils ne leur fournissent pas de clefs face aux défis de notre époque.

Cette inadéquation fait que l'enseignement détourne des sciences la plupart des jeunes. En ne répondant pas à leurs questions, en traitant les sujets de manière abstraite, les cours habituels, sauf exceptions notoires, provoquent du désintérêt. La preuve, le questionnement baisse au cours de la scolarité. Et le nombre des étudiants en sciences a chuté brutalement ces dix dernières années. Plus grave encore, l'éducation scientifique et technique contribue grandement à fabriquer de l'exclusion. A cause du rôle social qu'on lui fait jouer, de nombreux adolescents et jeunes adultes ne voient en elle qu'un facteur de sélection par l'échec.

Toutefois l'école n'est plus le seul lieu de culture. Les expositions, les médias, les livres et les revues, ainsi qu'Internet prennent une place de plus en plus grande. Dès lors, que pourrait être une culture scientifique pour aujourd'hui ? Se cultiver aux sciences, est-ce préparer l'enfant à entrer dans les contenus de sciences ?

Si ceux-ci s'avèrent nécessaires, ils ne sont largement pas suffisants. L'enfant, habitant de la planète Terre, citoyen à part entière, a bien d'autres choses à apprendre pour vivre dans un univers, un environnement technique, industriel, politique, culturel façonné de part en part par les sciences et les technologies.

Sous l'idée d'une culture scientifique à partager, il faut donc bien distinguer deux perspectives. La première est familière de l'éducation scientifique. La seconde, sans doute plus neuve, est celle d'une culture scientifique incluse dans une citoyenneté. Il ne s'agit plus seulement d'apprendre des connaissances scientifiques pour elles-mêmes ; elle conduit à apprendre à vivre avec les sciences, à maîtriser le développement des sciences et des techniques et à réfléchir sur leurs impacts, tant au niveau humain qu'environnemental.

Une culture scientifique est une façon de penser et de faire en ruptures avec l'approche et l'action ordinaire, spontanée et quotidienne. Pour bien prendre la mesure de ce que doit être une culture scientifique, il faut d'abord avoir pris conscience des ruptures qu'elle engage. Un concept scientifique met nécessairement à distance et en cause la perception, les impressions, les représentations initiales.

Initier à la démarche scientifique à partir des tâtonnements et des investigations spontanées, mais dans la perspective de ruptures proprement expérimentales, favorise l'élaboration du savoir plutôt que la consommation. Favoriser le passage d'une curiosité élémentaire vers un questionnement plus élaboré transforme le regard sur le monde et sur soi. Attitudes, méthodes, savoirs, démarches, esprit de la science et des techniques sont alors mis en avant. Des moments de clarification des "valeurs" sur lesquels reposent les choix technologiques sont également nécessaires.

Mais comment mettre en place une telle approche ? Bonne question ! Enseigner, médiatiser n'est-ce pas apprendre ? Non. Apprendre tient d'une alchimie complexe qui dépasse largement la " diffusion " d'informations... même si celles-ci sont apprises par cœur et servent de sujet d'examen ! On n'entre pas aisément ou directement dans une autre façon de penser. Et aucune recette certaine n'est possible... Cela ne veut pas dire que tout est aléatoire, hypothétique ou fluctuant ; nos recherches* ont pu mettre à jour des constantes, voire des permanences. Nos travaux, par exemple, ont permis de catégoriser et de mettre en relation, et par là d'inférer un système de paramètres favorables à l'apprendre. Rassemblés, ils constituent un *environnement didactique* qui, de façon inéluctable, interfère indirectement avec la structure mentale de chaque individu.

Reste également à voir sur quels contenus ? Cette question demeure sans doute le point faible. Les contenus dans les différentes disciplines scientifiques se présentent encore comme une suite de notions sans "colonne vertébrale". Trop peu de liens "de sens" sont tissés entre biologie, chimie, physique et maths, et les concepts organisateurs qui permettraient de fédérer les multiples notions ne sont pas clairement définis, y compris au sein des disciplines. Heureusement, nombre d'enseignants ou de médiateurs y pallient de leur propre initiative en faisant une place à l'histoire des idées scientifiques ou en initiant régulièrement des débats sur des sujets d'actualité qui posent des questions éthiques.

Il est un autre domaine qui fait sens également chez les jeunes, mais pas seulement, c'est celui des origines : d'où venons nous ? L'histoire des premiers hommes, notre histoire... ou l'archéologie comme approche sont une source fabuleuse de questionnement, encore trop peu exploitée. Les fouilles, les relevés, les reconstitutions, la modélisation des modes de vie, les productions d'hypothèses sur leur développement ou leur filiation... ainsi que tous les points que l'on ne connaît pas ou que l'on ne connaîtra jamais transforment le rapport aux savoirs. Pourquoi ne pas leur donner une place plus grande dans l'enseignement ou la médiation ?

André Giordan, ancien instituteur, ancien enseignant du secondaire est actuellement professeur à l'université de Genève et directeur du Laboratoire de didactique et épistémologie des sciences. Il est Président de la Commission internationale de Biologie et Education (IUBS CBE). Il anime par ailleurs des clubs de sciences pour les jeunes.

Remerciements

Les responsables de cette publication tiennent à remercier très sincèrement Françoise Audouze et Jacques Lasfargue co-organisateurs du Xe congrès de l'association des archéologues européens (EAA) qui s'est tenu à Lyon du 8 au 11 septembre 2004. Ils remercient également Anthony Harding et les membres du comité scientifique de ce même congrès.

---

* Ces recherche développées au Laboratoire de Didactique et Epistémologie des Sciences (LDES) de l'université de Genève sont connues sous le terme d'*apprendre allostérique* (*allosteric learning model*).
Pour en savoir plus :
A. Giordan , *Une autre école pour nos enfants ?* Delagrave, 2002,
A. Giordan, *Apprendre !* Belin, nlle édition 2004
et le site LDES : http://www.unige.ch/fapse/SSE/teachers/giordan/LDES/index.html

PREFACE

by André Giordan,
Director of « Laboratoire de didactique et épistémologie
des sciences » of Genève University

There is no doubt in peoples minds that to achieve scientific and technical heights is like a 'game' for a changing society. But it is of course a long term project. Acquiring knowledge can only happen 'over a life time' because science and the techniques as is their nature never stop evolving.

The pertinent question is what should scientific education be like at school this being the main innovation point of didactic research for the last thirty years. Unfortunately with no success! After the age of 11 kids are bored in science classes.

These classes get bogged down with useless facts depriving the student of vital information. For example they do not give them the keys in order to try and unlock the mysteries of our time.

This lack within the system puts off most students from studying sciences. In not answering some fundamental questions making the subject far to abstract the so called 'normal' lessons accept some gifted teachers leads to a lack of interest by students. An example of this is the fact that students ask less questions as they get older. And the number of science students has dramatically decreased in the recent years. But more serious then that is the fact that science and technology themselves are to blame for this exclusion. Due to the part we insist it plays within society teenagers young adults only see it as being used in the selection process when they fail the subject.

But school is not the only place to learn about culture. Exhibitions, media, books and magazines as well as the Internet are becoming more important. So, what should be scientific culture of today? To teach sciences do we really need the child to go into the ins and outs of enter sciences?

If this is necessary then back-up is definitely not enough. The child living on this planet Earth and a full fledged citizen has other things to learn to live within his technical, industrial, political, cultural make-up in every way through the sciences and technology. With the idea of cultural science in mind we must look at two views. The first being more familiar with the sciences. The second possibly a newer idea a scientific culture as part of our make-up. It is no longer a matter of learning sciences for sciences sake it should to lead us to learn to live with science and to grasp the evolution of sciences an its techniques, and to learn to reflect on their impact on both the human level as well as environmentaly.

Scientific culture is a way of thinking and breaking lose from ordinary everyday spontaneous reaction. To well appreciate what is scientific culture we must prior to this well understand the break away it leads to. A scientific concept puts into question and alienates the perception, the impressions and the initial images.

To initiate the first scientific step from the trials and spontaneous research but with in mind a possible experimental breakthrough which is encouraged furthering knowledge rather than the consummation. Encouraging basic curiosity followed by more elaborate questioning changes ones view on the world and on ones self. Attitudes, ways, knowledge, applications, scientific thinking and its techniques are put forward. Times of re-clarification of 'values' on which technological choice rests are also necessary.

But how does one go about laying down the way forward? Good question! Teaching, mediatization is that not learning? No. Learning is a complex alchemy which largely surpasses that of 'diffusion' of information even if they are learnt by heart and used as as exam subjects! One does not easily understand another type of thought process. And there are no set recipe. It does not mean that all is haphazard, hypothetical or fluctuating, our research[*] has definitely highlighted constant trends notably permanent ones. Our work for example has helped categorize and make connections and by its results get favourable learning parameters. Together they create a 'didactic environment' that, inevitably interferes indirectly with the mental make-up of each individual. We still need to talk about content? This is possibly the weakest point. The contents within the different scientific disciplines are still taught as a series of ideas with no firm backbone. To few sensible connections 'are woven connecting' biology, chemistry, physics and maths and the organizing concepts that might be useful to federate the multiple concepts are not clearly defined including within the various disciplines themselves. Luckily many teachers and or mediators go forward on their own initiatives making a place in history for scientific thought or through regular debates on ethical topics of interest.

There is another area which is also interesting for not only young people, that is about our origins and where we come from? The story of mankind, our history where we can use archaeology as a fabulous source for questioning, which has so far been underutilised.

Excavations, recording, reconstructions, modelling every day living, the formulation of hypothesis on development or connection as well as all other things that we don't know or that we will never know chances the relationship between connection and knowledge. Why not give them a more important status within education or mediation?

André Giordan. Previously a primary then secondary school teacher he is at present Professor at Geneva University and Director of " Laboratoire de didactique et épistémologie des sciences ". He is also President of the Commission of Biological Education (IUBS CBE). He also takes care and runs science clubs for the young.

---

[*] These researches developed in the laboratory of Didactic and Epistemology of Sciences (LDES) of Geneva University are known with the name of *allosteric learning model.*
To know more:
A. Giordan , *Une autre école pour nos enfants ?* Delagrave, 2002,
A. Giordan, *Apprendre !* Belin, nlle édition 2004
and the LDES site : http://www.unige.ch/fapse/SSE/teachers/giordan/LDES/index.htm

ASSOCIATION DES ARCHEOLOGUES EUROPEENS. (EAA)
Xeme Convention annuelle. LYON France. 7 au 12 Septembre 2004.

Session : ARCHÉOLOGIE ET EDUCATION
Organisée par J-C Marquet, C. Patty-Barker et C. Cohen

En organisant une session consacrée à l'archéologie et l'enfant, nous souhaitons susciter une confrontation entre archéologues européens sur les différentes façons d'initier les enfants (pendant et surtout en dehors du temps scolaire) aux réalités de l'archéologie. Comment les intéresser au passé et au patrimoine archéologique, comment les amener à prendre conscience de la nécessité de le protéger et le conserver. Nous souhaitons également comparer les façons dont l'enfant est pris en compte dans différents centres européens et, éventuellement, comment l'adulte peut utiliser ce sujet dans son travail d'accompagnement de l'enfant.

En quoi le fait de s'installer sur un carré d'initiation à la fouille, de prendre dans une main un bloc de silex et dans l'autre un galet, le fait de fabriquer une cordelette puis une corde avec des fibres végétales, de fabriquer une sagaie et d'apprendre à la lancer, de décorer un vase et de le cuire ensuite sur un feu de bois allumé sans briquet ni allumette, de racler avec un silex une baguette qui deviendra un propulseur, de tisser un textile avec des fibres qui auront été au préalables tordues avec un fuseau et colorées avec une teinture, etc… etc… en quoi ces gestes techniques simples que l'enfant pourra pratiquer après un court apprentissage seront-ils des " marchepieds " qui permettront à l'enfant, sous la conduite du médiateur et sous le regard actif de l'enseignant ou du responsable du groupe, d'aller vers une réflexion construite aboutissant à une compréhension raisonnée du monde du passé mais aussi et surtout du monde d'aujourd'hui, du monde dans lequel il vit ? C'est cette interrogation qui doit porter le travail avec les jeunes.

Comment, à partir d'objets, de gestes techniques, de réflexions, d'observations, le médiateur peut-il précisément arriver aux buts décrits plus haut ? Comment le médiateur peut-il arriver à saisir le moment où l'enfant marque son étonnement pour " transformer l'essai " et conduire celui-ci à mettre une pièce de plus en place dans le puzzle qu'il est en train de se construire. C'est cette interrogation que le médiateur doit avoir en permanence à l'esprit et c'est sur cette difficulté qu'il est essentiel pour les médiateurs, les archéologues, de confronter leurs pratiques, leurs idées, leurs réflexions.

Les interventions de la session aborderont successivement les questions suivantes :
1) Les animations en archéologie préhistorique sont-elles des actions de formation ou des actions de loisir ?
2) L'archéologie préhistorique peut-elle être un support utile pour la construction du raisonnement logique chez l'enfant ?
3) Les animations en archéologie contribuent-elles à donner une image du passé ? une image acceptable ? une image erronée ? une image négative qu'il vaudrait mieux ne pas montrer ?
4) Quels sont les pièges que se doit d'éviter l'animateur/médiateur en archéologie ?
5) Quelles leçons peut-on tirer de l'expérience acquise ? Qui peut-être animateur/médiateur en archéologie ? Une formation est-elle nécessaire ? Si oui, laquelle ?

Jean -Claude Marquet . Archaeologie et Territoires, Tours, France. (jcmarquet@wanadoo.fr)

Caroline Pathy –Barker. Research Assistant Waseda University, Japan (pathyb@gol.com)

Claude Cohen. Education et Patrimoine en Sud-Lochois. Le Grand-Pressigny. France.

EUROPEAN ASSOCIATION OF ARCHAEOLOGISTS (EAA)
Xeme Annual Convention. LYON France. 7 to 12 September 2004.

Session : ARCHAEOLOGY AND EDUCATION
Organized by J-C Marquet, C. Patty-Barker et C. Cohen

Since our original session in Bournemouth 1999 we have come a long way, with many different speakers and exciting ideas.

In this next session we are looking at continuing our exchange between educators, archaeologists and people who are genuinely interested in passing on this exciting passion that we acquired regarding archaeology.

We will look at how programs are successfully organized and are viewed in different countries, and in various centres given the limited time devoted to archaeology.

How are programs involving "hands – on" tasks in motivating our younger generation? How experiencing being on an excavation grid square, holding a flint nodule, making an arrow head spear and learning to throw it, making pottery and firing it in their own lit fire without the aid of lighters or matches etc...will it give them a balanced understanding and reasoning of our past and therefore a better grasp of their present surroundings.

It is in choosing the appropriate time to encourage our youngsters that the teacher / educator has the most difficult time, and therefore we must be very careful for the line between achieving success or failure is fine...

We will look at certain important points :
1) When organizing these programs are they solely for education or enjoyment?
2) Can archaeology help students achieve logical reasoning?
3) Are these programs structured, to give an acceptable view of the past or are they ludicrously outdated and give a biased view therefore best not shown?
4) What are the obvious "Traps" the teachers and educators must avoid at all costs?
5) What are the lessons we have gained? Who can pertain to be archaeological educators/ mediators. Is training needed if so how?

Is the message being conveyed within a structured existing school curriculum or other programs organized by other bodies, centers and museums in the way we are satisfied with? Can we offer some new ideas and solutions within the time constraints usually given to our discipline?

The future of archaeology is in our hands to help the new generation of the 21st century formulate their ideas for the future, through all the modern means available including the internet.

Caroline Pathy –Barker. Research Assistant Waseda University, Japan (pathyb@gol.com)

Jean -Claude Marquet . Archaeology et Territoires, Tours, France. (jcmarquet@wanadoo.fr)

Claude Cohen. Education et Patrimoine en Sud-Lochois. Le Grand-Pressigny. France.

LISTE DES PARTICIPANTS À LA SESSION

Binant Pascale. 13 allée Beau rivage 24100 Bergerac, France. binantpascale@wanadoo.fr

Collin Fernand. Archéologue-Directeur du Préhistosite de Ramioul. Rue de la grotte, 128. B-4400 Flémalle. Prehistosite@ramioul.org.

Davidson Fiona. Assistant Director. Council for Scottish Archaeology. C/o National Museums of Scotland. Chambers Street. Edinburgh. EH1 1JF. Scotland, UK. f.davidson@nms.ac.uk

De Carlos Philippe. Association Imp'Acte. Padirac. France. pdecarlos@wanadoo.fr

De Miranda Isabelle. Association Planète-Sciences. 91100 Evry. France. isabeldemiranda@aol.com.

Dumas Cyril. Les Baux-de-Provence. France. cyrildumas@hotmail.com

Heyworth. Mike. Council for British Archaeology. York. UK. MikeHeyworth@britarch.ac.uk

Hjorungdal Tove. Professor, Department of Archaeology, Gothenburg University. Gothenburg. Suède. tove.hjorungdal@archaeology.gu.se

Joris Cinzia. Musée Camillo Leone Vercelli. Italie. cinziajoris@tiscali.it

* Labarge Aude. Aulame -Médiation en Préhistoire. Maison Laugitea. 64 640 Saint-Martin d'Arberoue. aulame@online.fr

Levy Janet. University de Caroline du Nord. Charlotte. USA. jelevy@email.uncc.edu

* Lucas Géraldine. Docteur en Préhistoire de l'Université Bordeaux 1. Médiatrice scientifique et culturelle de l'association OCEAN. Bordeaux. geraldine.c.lucas@wanadoo.fr. http://www.ocean.asso.fr

Marquet Jean-Claude. CITERES. UMR 6173. Laboratoire d'Archéologie de Tours. France. 16, Place Richemont. 37550 Saint-Avertin. jcmarquet@wanadoo.fr.

O'Farrell Magen. Pôle international de Préhistoire. Les Eyzies-de-Tayac. France. ofarrell@pole-prehistoire.com

Pathy-Barker Caroline. Research Assistant, Waseda University. Tokyo. Japon. pathyb@tiscali.co.uk

Richard Vanessa. Association Planète Sciences Ile de France. France.

* Rieu Jean-Luc, attaché de conservation, Musée de Préhistoire d'Ile-de-France, Nemours. France. rieu.jeanluc@neuf.fr

* Sence Christophe. Association Archéolithe. christophe.sence@laposte.net

Tardieu Claire. UMR 7041 ArScan Equipe de protohistoire européenne Maison de l'Archéologie. Nanterre France. ctardieu@mae.u-paris10.fr

Van der Vliet Jeroen. Council for Dutch Archaeology. Amsterdam. Hollande. vliet@sna.nl

Note : les noms précédés d'un astérisque sont ceux des auteurs qui n'étaient pas physiquement présents à la session.

SOMMAIRE

Communications

Communications complémentaires

Annexes

COMMUNICATIONS

NOS IMAGES MENTALES DE LA PREHISTOIRE
OUR MENTAL IMAGES OF PREHISTORY

Pascale BINANT

Nous concevons souvent la préhistoire comme l'enfance de l'humanité. Si tel est le cas, à travers les images de la préhistoire que nous transmettons aux enfants, quelle(s) image(s) leur donnons-nous d'eux-mêmes ?
Et quelle image avons-nous de l'enfance qui nous fonde, nous adultes ?

Résumé : Nous avons tous en nous une image de la préhistoire. Depuis que nous sommes enfants, notre entourage socio-culturel – famille, école, médias,…- nous transmet une certaine vision du monde, la préhistoire en fait partie, désormais présentée comme un passé non pas fantasmé, mythifié et arbitraire, mais scientifiquement établi. Nos interrogations portent ici sur la part et la nature des relations entre la composante scientifique et les représentations mentales, notamment dans les entreprises de vulgarisation.

Abstract: We all have an innate image of Prehistory. From infancy our socio-cultural-familial environment, school and media, all transmit a certain world vision, of which Prehistory is a part – no longer fantasist, mythic and arbitrary, but scientifically established. Our interrogations here concern the role and nature of the relationship between scientific components and mental representations, notably in scientific popularisation.

Mots-clés : Homme, Préhistoire, Préhistorique, Images mentales, Représentation, Exposition, Vulgarisation

Keywords: Man, Prehistory, Prehistoric, Mental images, Representation, Exhibition, Scientific popularisation

PRÉAMBULE

Pour commencer, je tiens à préciser le cheminement intellectuel et professionnel qui m'a conduite aux réflexions qui vont suivre

J'interviens ici comme Doctorante à l'EHESS[1] où je prépare une thèse sous la direction du Professeur Jean Guilaine, qui a pour titre :

"Ecrire la préhistoire : des idées et des mots".

De tels travaux ouvrent généralement à la vie professionnelle. Or, cette thèse est plutôt l'aboutissement d'un échange incessant, depuis une vingtaine d'années, entre pratique professionnelle et réflexion théorique. Relation réflexive sans laquelle, tout travail de transmission des savoirs auprès du grand public, dont le sujet qui nous occupe ici "L'Archéologie et l'enfant" est un sous-ensemble, ne me semble pas pouvoir être convenablement mené. L'existence même de cette session en témoigne.

Cette expérience s'est exercée dans trois principaux domaines :

– le document écrit, édition et écriture, ayant travaillé aux Editions du Seuil puis aux Documents d'Archéologie Française ; ayant également publié plusieurs ouvrages et de nombreux articles dans des revues spécialisées mais aussi à caractère culturel plus général telles les "Lettres françaises" ;

– la muséographie au sein d'ARCHEO*page*, entreprise d'ingenierie culturelle spécialisée en préhistoire, que j'ai créée, et dans le cadre de laquelle j'ai notamment conçu et réalisé une exposition permanente et une exposition itinérante ayant pour sujet la technologie lithique, telle qu'elle a été formalisée à partir des années 1950 par F. Bordes et J. Tixier, puis plus récemment E. Boëda et J. Pélegrin ;

– la diffusion des sciences en général au sein de *Créasciences*, Centre de Culture Scientifique Technique et Industriel de Dordogne, que je dirige.

Pour finir sur ce point, je préciserai que ces activités répondent à un choix professionnel volontaire d'œuvrer à la diffusion des savoirs scientifiques auprès du grand public. Ce choix repose sur des raisons personnelles et un fondement socio-politique conscients.

Je tiens également à souligner que cette communication s'inscrit dans une recherche en cours d'élaboration. En conséquence, il est possible que je soulève plus de questions que je n'apporte de réponses, considérant par ailleurs que la connaissance, soit-elle scientifique, est toujours en mouvement.

INTRODUCTION

Pour les historiens des sciences comme pour les préhistoriens, il est convenu que la préhistoire apparaît durant la première moitié du XIXe siècle.

L'idée cependant n'est pas nouvelle.

---

[1] - Ecole des Hautes Etudes en Sciences Sociales.

Aucune étude dans ce domaine, telle celle d'Annette Laming-Emperaire dans les années 1960, ne peut ignorer combien les origines interrogent l'humanité depuis toujours. De l'ordre de la pure réflexion théorique, de l'intuition parfois ou de l'observation effective de données inexpliquées, la question des origines n'est pas exclusive à la préhistoire : philosophes, théologiens, généticiens mais aussi "magiciens" s'intéressent à cette question fondamentale parce qu'elle interpelle chaque individu en lui-même, l'enfant tout particulièrement : l'enfant qui est, tout comme celui que nous avons été.

Si la préoccupation n'est pas nouvelle, en revanche, la constitution d'une science spécialisée dans le domaine est une nouveauté issue de l'émulsion intellectuelle du XIXe siècle, riche de découvertes tous azimuts et d'une capacité d'intégration extrêmement rapide (plasticité).

Sur ce point pourtant, une étude historiographique finement menée, qui considèrerait toute la diversité et la complexité de l'environnement au sein duquel la préhistoire va se constituer, serait bienvenue. Il me semblerait notamment important de nuancer la relation quasi exclusive établie entre l'émergence de la préhistoire et l'Histoire naturelle. Certes, la relation est incontestable. Elle nous paraît cependant trop limitative. Une ouverture sur d'autres sciences, nouvelles au XIXe siècle, telles la sociologie, la linguistique, la psychologie et la psychanalyse, ne manquerait sans doute pas d'enrichir notre perception, notamment en positionnant l'émergence de la préhistoire, non pas seulement comme une idée, mais comme un fait de société.

Peut-on ne pas penser à Freud à la lecture de cette phrase de Wiktor Stokowsky :

"(la préhistoire) une époque qui a échappé complètement au souvenir des hommes." ?

Or, que faisons-nous d'autre, nous acteurs de la préhistoire – chercheurs et/ou "animateurs" – que de chercher à retrouver cette mémoire : mémoire universelle mais aussi mémoire individuelle ?

IMAGE MENTALE

L'idée n'étant pas nouvelle, quand la préhistoire va être constituée et reconnue comme une discipline scientifique, elle se greffera sur des croyances préexistantes dont elle héritera, fut-ce malgré-elle.

La pratique scientifique se doit d'apporter des explications rationnelles aux faits nouveaux ou incompris jusqu'alors. La mise au point de cadres méthodologiques clairement définis va effectivement permettre à la préhistoire d'apporter des réponses à des questions aussi fondamentales que celles de l'ancienneté de l'humanité. Nos connaissances dans ce domaine ont désormais acquis une dimension scientifique censée faire de notre passé un savoir sûr. La connaissance cependant n'est pas figée, inscrite dans l'histoire et le contexte de la discipline, elle est aussi fonction d'un moment donné. Le doute et l'interrogation

persistent qui constituent les moteurs de recherche. Sûrs de tout, il n'y aurait plus rien à chercher ni rien à trouver. On sait par ailleurs combien les vestiges mis au jour sont :

1 – partiels, puisque sujets aux détériorations du temps ;

2 – fragiles, puisque détruits en partie au fil des fouilles.

Or, le consensus méthodologique de la recherche [fondamentale] ne garantit pas l'adéquation des interprétations des vestiges mis au jour. Il existe différentes écoles/courants d'approche et d'analyse qui ne sont pas toujours officiellement revendiqués mais dont il serait hypocrite de nier l'existence.

A partir de là, où nous situons-nous entre le cru et le su ?

Comment l'actualité des savoirs issus de la recherche en cours modifie-t-elle les discours et pratiques généralistes ? Y arrive-t-elle ? Des analyses ciblées dans ce domaine manquent. Toutefois, à pratiquer la communication des sciences au quotidien, notre discours et nos pratiques me semblent emprunts de stéréotypes persistants. Ce que les cognitivistes appellent des "figures prototypiques", faciles à mémoriser et source d'un fort marquage cognitif : des figures acquises quand nous sommes enfants ; des figures qui forgent nos appréciations ; des figures avec lesquelles nous grandissons et que nous transmettons, des figures que seule une analyse critique peut "déconstruire".

PRÉHISTORIQUE !

La création d'un mot répond généralement au besoin de nommer une nouveauté ; il en fallait un pour nommer cette nouvelle science des origines, au sein de l'entreprise plus vaste d'étude du passé qu'est l'archéologie.

Les mots ne sont pas les idées à eux seuls, ils n'en sont pas moins le support, toujours polysémiques et vecteurs de sens au-delà de leur entendement premier. C'est pourquoi le choix des mots nous semble déterminant dans l'histoire des idées[2].

Le mot préhistoire apparaît entre 1850 et 1870 ; 1872 très précisément selon Le Robert, *Dictionnaire historique de la langue française*, dont la définition, notons le, est un sous-ensemble de celle du mot Histoire. Auparavant, en l'absence d'un mot précis, l'idée des ces temps anciens était formulée sous forme de périphrases, en relation avec les connaissances et les croyances du moment.

Il est intéressant de remarquer que dans les premiers temps de son utilisation, l'orthographe comprenait un trait d'union : *pré-historique*. Ce détail nous semble avoir son importance car il marque tout à la fois le lien et la séparation de cette époque pressentie, encore mal connue, avec les périodes historiques mieux documentées. De façon peut-être paradoxale, le trait d'union crée le lien tout en séparant. Il y a continuité et rupture, incertitude aussi.

---

[2] La preuve en est que l'utilisation de certains termes ne serait plus acceptée aujourd'hui.

Sans trait d'union, préhistoire gagne en cohésion orthographique. Sur le fond aussi sans doute, son existence s'affirme : la préhistoire devient science, acquérant ainsi reconnaissance et autonomie, elle se distingue de l'Histoire.

Une constatation s'impose : tous les mots qui ont été proposés pour qualifier cette période se composent d'un préfixe et d'un radical. Or, les préfixes les plus fréquents : *pré et ante*, se réfèrent à un "avant". Comme si, une fois attestée, cette époque ne pouvait prendre place dans l'Histoire mais seulement lui être rajoutée, extérieure à elle. Sur l'échelle de l'humanité, le temps zéro est un moment historique et historiquement convenu ; un instant fixe qui ne repose sur aucune donnée scientifique. Or, selon que les événements se situent avant ou après, ils sont respectivement codés + ou –. Et *plus* c'est toujours mieux que *moins* ![3]

Selon la définition du dictionnaire, il ne devrait s'agir que de désigner l'appartenance à une époque spécifique ; une époque caractérisée comme le début de l'histoire et donc riche d'un fort potentiel de devenir. Or, l'adjonction du qualificatif *préhistorique* entraîne plutôt une dépréciation du sujet. Ainsi, d'emblée, la préhistoire et tout ce qui s'y rapporte sont dotés d'une marque négative. Celle-ci est d'ailleurs perceptible dans les synonymes proposés : suranné, démodé, balbutiant, primitif. La différence signalée n'est donc pas seulement chronologique, elle est aussi qualitative.

Le qualificatif de préhistorique attribué à l'humain en fait une humanité à part, une humanité pas comme nous : une humanité avant l'homme, une humanité en négatif[4], une humanité du côté du moins ![5]

C'est pourquoi, volontairement, je n'emploie plus cet adjectif qualificatif. Je lui préfère l'expression "de la préhistoire". Avec la formulation "homme de la préhistoire", l'homme regagne son humanité. Il s'agit désormais d'un homme situé dans le temps : la préhistoire, mais d'un homme tout simplement, au même titre que n'importe quel autre.[6]

REPRÉSENTER L'HUMAIN

Faut-il ou ne faut-il pas représenter l'humain ?

La question n'est pas spécifique à la préhistoire. La préhistoire n'est pas "hors champs", elle ne doit pas l'ignorer.

Le problème fut soulevé par la religion et aussi discuté en art et en philosophie.

[3] Le préfixe *paléo* : «ancien», aurait peut être permis d'éviter cette charge négative. Mais *paléoethnologie* ne fut pas retenu et *paléolithique* n'est qu'un sous-ensemble de préhistorique.
[4] En négatif aussi sans-doute, dans le sens de la photographie : un homme inversé presque.
[5] ce n'est pas sans rappeler les conceptions liées aux appellations d'*antédiluvien* et *pré-adamitique* ;
[6] Binant P., "Ecrire la préhistoire pour les enfants", EEAM 2002, à paraître.

On se souviendra peut-être des polémiques suscitées par les sculptures de Giacometti au début du XXème siècle. Et nous ne pouvons rester indifférent à la décision de Fautrier de ne plus représenter de figure humaine après les horreurs des camps d'extermination de la seconde guerre mondiale.

Des écrivains se sont poser les mêmes questions. Kafka, notamment, dont le livre le plus connu : La Métamorphose en est une terrible illustration ; mais aussi, plus près de nous, Primo Levi bien-sûr avec *Si c'est un homme* ou Jorge Semprun. Et bien d'autres.

C'est que la représentation n'est pas neutre.

En art comme en préhistoire, se pose le problème de la réalité et dans l'un comme pour l'autre, la représentation n'est pas La réalité. Mais, de quelque manière qu'elle soit réalisée, elle est Une réalité. Rappelons-nous Magritte et ses tableaux : "Ceci n'est pas... ou Ceci est...", confrontant la représentation d'un objet à une appellation sans logique apparente.

Partant de là, devant des représentations d'hommes de la préhistoire, certes nous savons que ce ne sont pas de vraies personnes, ce qui n'est peut-être pas évident à saisir pour tout le monde, notamment pour les enfants. Il me semble plus difficile encore de réussir à faire la part des éléments "inventés" de ceux issus des connaissances effectives de la paléontologie humaine, même pour nous spécialistes qui savons pertinemment combien nos données sont incomplètes et strictement limitées au squelette ! Comment, alors, justifier scientifiquement la représentation d'hommes de la préhistoire ? L'observation et l'analyse des données matérielles (ossements, artefacts) ne peuvent suffire à définir un homme.

Qu'est-ce qu'un homme ? (question fondamentale de la recherche en préhistoire).

Objectivement : reconnaissons que ces figurations sont le produit d'une création ! Or, avec la création tout est possible.

Parallèlement, il semble difficile à la plupart de se passer de ces représentations "concrètes", "imagées". Cela ne cesse de m'interpeller, envisageant par ailleurs que la représentation peut être une limitation aux possibilités de conception et d'imagination de l'esprit – pensée abstraite. De ce point de vue, les représentations des hommes de la préhistoire me paraissent constituer des supports déterminants à l'élaboration des "figures prototypiques" précédemment mentionnées qui oblitèrent avec force l'image que nous nous en faisons et dont chacun de nous est empreint, fut-il préhistorien.

Je me demande alors : A quoi cela sert-il ? Quel est le but, quelle est l'utilité de telles représentations ? J'avouerai ne pas avoir de réponse. Peut-être chacun de nous, qui intervenons sur le terrain, avons-nous la nôtre, propre ?

Au Museum d'Histoire Naturelle de Paris, devant une succession de portraits censés figurer les différentes étapes de l'évolution humaine, un jeune femme expliquait à ses filles : "C'était quand l'homme était un singe" (sic) !

On retrouve ici l'idée selon laquelle l'"Homme préhistorique" n'était pas encore tout à fait un homme. Nous savons, nous spécialistes, que l'homme ne fut jamais un singe ; qu'ils n'entretiennent que des relations de cousinage. Cette idée semble pourtant très répandue dans l'opinion publique. La question de savoir ce qui fait l'opinion publique est beaucoup trop vaste pour être traitée ici, mais nous ne pouvons nier y participer.

Personnellement, dans les expositions que j'ai conçues[7], j'ai choisi de ne pas intégrer de figuration humaine. Les populations de la préhistoire furent peut-être comme si - plus petites, plus poilues, ou comme ça - à la peau plus mate, au nez plus grand, plus petit... Les variations possibles sont infinies. Scientifiquement invérifiables en l'état actuel de nos connaissances, les options de représentation choisies sont subjectives[8]. Introduire des figures humaines aurait été une entrave au but recherché : rendre sensible, avec équité, de l'humanité des hommes de la préhistoire et cela plus spécifiquement à travers l'intelligence technique que les recherches en technologie permettent de percevoir aujourd'hui avec finesse.

LA TECHNOLOGIE : UNE PENSÉE ABSTRAITE

Il est en effet d'autres moyens de rendre l'homme de la préhistoire accessible au public que de le représenter concrètement, "en chaire et en os". Les restes anthropologiques ne constituent d'ailleurs qu'une infime partie des vestiges connus, les plus nombreux appartiennent à la culture matérielle. De façon générale, du fait de leur nature imputrescible, ce sont les industries en pierre qui forment l'essentiel des données accessibles de la préhistoire.

Je ne retracerai pas l'histoire des différentes étapes de leur étude. Je rappellerai seulement qu'associées à des vestiges osseux, humains ou animaux, préhistoriques ou non, ces industries furent les témoignages à partir desquels les précurseurs du XIXème siècle s'appuyèrent pour étayer leurs thèses quant à l'ancienneté de l'humanité. Dans un premier temps, ces pièces furent classées en fonction de leur forme, nommées en fonction du lieu de leur découverte ou de leur similitude avec des outils connus. Une typologie fut ainsi établie. Vers la moitié du XXème siècle, une approche technologique se mit en place qui cherchait à comprendre comment et pourquoi ces outils avaient été fabriqués.

Il ne s'agissait plus seulement de collecter puis de classer du matériel, suivant un protocole méthodologique précis. Il

s'agissait, selon des modalités scientifiquement élaborées, de partir en quête de l'intelligence dynamique accessible dans les vestiges retrouvés. Cette nouvelle approche impliquait une nouvelle pratique : l'expérimentation.

Ce nouvel angle d'analyse fut révélateur d'une complexité insoupçonnée, sans cesse enrichie par l'avance des recherches en cours. Ayant à réaliser des expositions sur ce sujet, l'important était de rendre accessible cette complexité, témoin d'une intelligence que ne laissaient soupçonner ni le vocabulaire généralement employé, ni les figurations humaines réalisées.

Choisir de ne pas introduire la notion anthropomorphique dans l'exposition, c'était refuser le parallèle entre apparence physique et capacités intellectuelles. On sait bien, anecdote du cerveau d'Anatole France à l'appui - petit mais pas si bête, que le rapport taille du cerveau/capacités cognitives ne recouvre aucune relation de causalité.

Ne restait que les silex. Aussi fallait-il les exposer de façon à mettre évidence l'intelligence technique qui, à partir du bloc brut de matière première, avait permis la fabrication d'outils opérationnels.

Pour ce faire, nous avons conçu nos expositions avec seulement des produits issus de l'expérimentation, permettant ainsi le déroulé technique de la chaîne opératoire, du début jusqu'à la fin, ce que ne permettent jamais les vestiges archéologiques. Nous avons, par ailleurs, considéré la technologie dans son ensemble, présentant les principaux schémas opératoires – débitage et façonnage – en relation avec les principales productions ainsi obtenues – chopper, bifaces, lames, éclats Levallois.

La dynamique des schémas techniques est alors rendue accessible par la présence induite du préhistorien et de son travail de recherche. La compréhension des objets présentés appelle un perpétuel croisement entre le questionnement du chercheur, la méthode appliquée et le résultat obtenu. L'accès à la réalité technologique de la préhistoire est ainsi conforté par l'accès au processus de recherche scientifique qui a conduit à son obtention.

Au fil des visites, rares sont ceux à qui la représentation humaine manque. Les seules "images" sont les silex taillés, mais l'homme de la préhistoire est là, rendu présent par l'intelligence de sa production technique mise au jour par l'intelligence d'hommes et de femmes d'aujourd'hui. Car, si une lame ou un biface peuvent nous sembler "familiers", il en est tout autrement d'un éclat "Levallois" dont seule l'explication du schéma opératoire permet de saisir la spécificité, sans équivalent contemporain auquel se référer. La technologie, comme méthode d'approche des vestiges lithiques de la préhistoire, a ceci de particulier qu'elle nous permet d'accéder à la pensée qui sous-tend la réalisation des objets. Une pensée conceptuelle, abstraite, dont l'outil est le témoin final et la chaîne opératoire la démonstration.

Une sorte de continuum cognitif est ainsi établi qui confère à l'humanité une unité. L'unité mise en évidence n'est pas

---

[7] *Creysse, 500 000 ans de préhistoire*, exposition permanente à Creysse, Dordogne – conception, réalisation ARCHEO*page*
Eclats de silex, exposition itinérante – conception, réalisation ARCHEO*page*
[8] Subjectivité d'inspiration souvent ethnocentriste, concevant les hommes de la préhistoire, à la fois en référence à soi même - traits physiques spécifiques – nez épaté par exemple pour les chinois, mais aussi en fonction de courants idéologiques culturels –en Europe, influence du colonialisme, voire de courants racistes, par exemple.

tant la technique que l'intelligence : les capacités cognitives, conceptuelles et créatrices, à la disposition de tous les hommes.

CONCLUSION

Ainsi, la préhistoire suscite des "images mentales" spontanées qui semblent "naturelles" à la plupart alors qu'elles sont souvent en contradiction avec la réalité des savoirs acquis. Ces représentations mentales sont normales et nécessaires, elles structurent notre appréhension du monde. Il faut en avoir conscience pour pouvoir agir sur elles afin de pouvoir faire place à la nouveauté.

La démarche n'est pas évidente, elle nous semble néanmoins s'imposer si nous voulons être honnête.

Ce fonctionnement, inconscient, me semble indépendant du public auquel nous nous adressons. Sur ce point, la spécificité du public jeune serait de nous amener à forcer le trait. Voulant faire moins difficile, être plus accessible, nous serions peut-être tenter de simplifier plus, d'être moins critiques, forgeant ou confortant ainsi de regrettables stéréotypes.

Ce qui m'a toujours interpellée dans les images mentales liées à la préhistoire, c'est leur côté négatif, comme "inabouti" et peut-être à cause de cela.

L'idée sous-jacente me semble être qu' "aujourd'hui est mieux qu'hier et moins bien que demain", comme si l'histoire de l'humanité était inscrite dans une évolution linéaire nécessairement orientée vers un meilleur. Suivant cette logique, la préhistoire apparaît comme une ébauche très primitive de ce que serait l'humanité aboutie : la nôtre !

Considérer la préhistoire comme une époque de frustes balbutiements n'est pas exempt de jugements de valeurs.

Rappelons-nous que l'effervescence du XIXe s., qui suscita l'émergence de nombreuses sciences, ne fut pas seulement intellectuelle et technologique mais aussi colonisatrice. Alors que se construit en même temps un discours scientifique sur les "races", "race inférieures – races supérieures", auquel la préhistoire ne restera pas indifférente. Parallèlement, les premières découvertes et analyses de la discipline révèlent un monde nouveau, entièrement étranger, grossièrement identifié à celui des populations autochtones des pays colonisés dont l'exotisme suscite alors un attrait grandissant.

La préhistoire, c'est vrai, conduit à la rencontre d'altérités fortes, de sorte que concevoir la préhistoire implique de concevoir **un** Autre. La comparaison de données de la préhistoire avec celle de populations actuelles repose souvent sur une assimilation de celles-ci à celles de la préhistoire, desquelles plusieurs millénaires les séparent, tout comme nous. De ce point de vue, il incombe aux scientifiques et aux vulgarisateurs d'être vigilants.

Aujourd'hui, le mot préhistoire est fréquemment utilisé pour signifier les origines, les indéfinissables débuts, de tout et de rien. A lire récemment une interview d'Hubert Reeves, célèbre astrophysicien, j'ai été frappée de ce que, s'agissant de l'origine de l'Univers, il n'emploie jamais le mot préhistoire mais toujours celui d'Histoire. Aussi me suis-je demandé : si l'Univers n'a pas de préhistoire, comment l'Humanité peut-elle en avoir une ?

Et si, comme l'Univers, l'Homme était Homme depuis qu'il est Homme ?

Bibliographie

BACHELARD Gaston, *La formation de l'esprit scientifique*, J. Vrin, Paris, 1986

CHIPPINDALE Christopher, "The invention of words for the idea of Prehistory", *Proceedings of the Prehistoric Society*, 1988, T. 54, pp. 303-314.

CLERMONT Norman, "Les concepts de culture et de système en archéologie", *L'Anthropologie*, Paris, 1978, T. 82, n°3, pp. 373-383.

CLERMONT Norman, Smith Philip E.L., "Prehistoric, prehistory, prehistorian... who invented the terms ?", *Antiquity*, 1990, T.64, pp.97-102.

COHEN C., Hublin, J.J., *Boucher de Perthes, Les origines romantiques de la préhistoire*, Belin, Paris, 1989.

COYE Noël, *La Préhistoire en parole et en acte, Méthodes et enjeux de la pratique archéologique (1830-1950)*, L'Harmattan, Paris, 1997

Dictionnaire historique de la langue française, Dir. A. Rey, T .2, Dictionnaires Le Robert, Paris, 1998

DUCROT Oswald, Schaeffer Jean-Marie Dir., *Nouveau dictionnaire encyclopédique des sciences du langage*, Paris, Seuil, 1995

Ecrire la science, Alliage, n°37-38, Hiver 1998-Printemps 1999, Nice

FORTIER Daniel, "*Faits, sensations, perceptions et représentation mentale*", In Entre l'être humain et la réalité, http://aladdin. clg.qc.ca/~fortid01, 2002

Histoire et imaginaire, Collectif, Poiesis, Paris, 1986

LACAVALERIE Xavier, "*Hubert Reeves : conteur cosmique*", Télérama, n° 2849, 18 août 2004, pp. 8-12

LAMING-EMPERAIRE Annette, *Origines de l'archéologie préhistorique en France*, Ed. Picard, Paris, 1964

L'archéologie et son image, Actes du Colloque 29-30-31 Octobre 1987, CNRS, Musée archéologique d'Antibes, Ed. APDCA, Juan-les-Pins, 1988

Les représentations mentales, Collectif, Sciences Humaines n°128, juin 2002

POUILLON Jean, *Le cru et le su*, Le Seuil, Paris, 1993

PRATTICO Franco, "Divulgation scientifique et conscience critique", *In : L'Ecrit de la science*, Alliage, n°37-38, Hiver 1998-Printemps 1999, pp.204-210.

RICHARD Nathalie, *L'Invention de la préhistoire, Une anthologie*, Presses Pocket, 1992

SARRAUTE Nathalie, "Roman et réalité", Paris, Gallimard, 1996

STOCZKOWSKI Wiktor, *Anthropologie naïve, anthropologie savante : de l'origine de l'homme, de l'imagination et des idées reçues*, CNRS Editions, 1994

STOCZKOWSKI Wiktor, "La Préhistoire : les origines du concept", *BSPF*, 1993, T. 90, n°1-2, pp. 13-21.

THE USE OF PREHISTORIC ANCESTOR RECONSTRUCTIONS IN EDUCATION: TURNING LIMITS INTO ADVANTAGES

L'UTILISATION DANS LE DOMAINE DE L'EDUCATION DES RECONSTRUCTIONS DE L'ANCETRE PREHISTORIQUE : TRANSFORMER LES LIMITES EN AVANTAGES

Magen O'FARRELL[1]

Abstract: Though recognized as a valuable research tool, many archaeologists and physical anthropologists criticize the use of human ancestor reconstructions in educational contexts. Most objections are related to the fact that many aspects of the reconstructions are forcibly based on the interpretation of non-preserved characteristics such as, skin color, eye color, pilosity, etc. A solution is to present multiple hypotheses for the appearance and activities of prehistoric humans. However, the financial costs and space requirements of this type of exhibit usually prohibit this alternative. As a result, we present a single, static image that does not account for the variability of human physical appearance, clothing, adornment and activities.

As an archaeologist, I agree with these criticisms. However, after using human reconstructions myself in pedagogical contexts, I am now convinced that the advantages of this tool outweigh its drawbacks, and that the drawbacks themselves can be transformed into a valuable teaching tool. In collaboration with B. Caudron and the *Pôle International de la Préhistoire*, I have worked with both adults and children on the exhibit entitled "histoires d'Homme" ("Human histories"). This exhibit presents reconstructions of four human ancestors: *Australopithecus afarensis*, *Homo erectus*, *Homo neanderthalensis* and *Homo sapiens*.

In this paper, I first discuss the usefulness of this exhibit for transmitting the basics of human evolution. I will then present our method for transforming the limits of these reconstructions into a tool for illustrating the scientific method. I will show how they can be used to encourage a critical view of images and texts by leading children to distinguish those elements resulting from scientific analysis and those resulting from less reliable sources of interpretation. Through this exercise we show the multidisciplinary nature of anthropology and the different degrees of certitude associated with different methods of study in this science, as in well as in others.

Résumé : Tout en les considérant comme un bon outil de recherche, nombreux sont les archéologues, anthropologues et pédagogues qui critiquent l'utilisation en milieu éducatif des reconstitutions physiques des ancêtres de l'Homme. La plupart des objections résident dans le fait que certains aspects de ces reconstitutions se basent forcément sur l'interprétation de caractères qui ne sont pas conservés comme la couleur de la peau, des yeux, la pilosité, etc. La solution serait de présenter de multiples hypothèses sur l'apparence physique et les activités des hommes préhistoriques présentés. Cependant, le coût et la place que nécessiterait ce genre d'exposition rendent à peu près impossible sa réalisation. De ce fait, l'image présentée est unique, statique, et ne rend pas compte de la variabilité de l'apparence physique, des vêtements, de la parure et d'autres aspects culturels.

En tant qu'archéologue, je reconnaîs le bien fondé de ces critiques. Cependant, pour avoir utilisé ces reconstitutions en milieu éducatif, je suis maintenant convaincue que leurs avantages compensent leurs inconvénients et que ces inconvénients eux-mêmes peuvent être transformés en un excellent outil pédagogique. En collaboration avec Bruno Caudron et le Pôle International de la Préhistoire, j'ai travaillé avec des enfants et des adultes sur l'exposition *"histoires d'Homme"* qui présente les reconstitutions de quatre représentants de la lignée humaine : *Australopithecus afarensis, Homo erectus, Homo neanderthalensis, Homo sapiens*.

Dans cette communication, je discuterai d'abord de l'utilité de cette exposition pour transmettre les connaissances de base sur l'évolution humaine. Je présenterai ensuite notre méthode pour transformer les limites de ces reconstitutions en un outil de sensibilisation à la méthode scientifique. Je montrerai comment on peut les utiliser pour encourager une perception critique des images et des textes en amenant les enfants à distinguer les éléments qui résultent de l'analyse scientifique de ceux qui proviennent d'autres méthodes, moins fiables, de l'interprétation. Nous montrons ainsi la nature pluridisciplinaire de l'archéologie et de l'anthropologie, et les différents degrés de certitude inhérents aux différentes méthodes d'étude dans cette branche de la science, aussi bien que dans d'autres.

Mots-clés : Préhistoire, Education, Pédagogie, Démarche scientifique.

Keywords : Prehistory, Education, Pedagogy, Scientific approach.

INTRODUCTION

What is the value of prehistory in education? Most obviously, learning about prehistory improves one's knowledge of the prehistoric past, itself significant since it constitutes 99% of human existence. But just as important, is the capacity of prehistory to motivate reflection on profound questions concerning the nature of humanity. Prehistory is universal, traversing our modern boundaries of time and space. The questions it raises are pondered by all humans, regardless of race, nationality or culture.

While history allows one to appropriate a national, familial, or personal identity, prehistory can open one's perspective to the global, collective identity of humanity. Through prehistory, one becomes aware of both the great diversity and the underlying unity of humanity. Knowledge

---

[1] Pôle International de la Préhistoire, Les Eyzies, France. UMR 7055, CNRS, Nanterre, France, CommArch: mofarrell@wanadoo.fr.

of our prehistoric past can thus encourage understanding and tolerance of the "other", before and now.

Prehistory opens one's perspective to the immense time depth of humanity, thus jarring one's realm of reflection from the confines of the present moment. This greater hindsight offers many more possibilities for understanding the present human condition and the potential consequences of our actions for the future. Along with ethnology, it shows us that the solution chosen by a given society to solve a problem is not necessarily the only one possible, and is not necessarily better than solutions chosen by other societies.

Prehistory is also a powerful tool for showing how knowledge is constructed. As a cross between the human sciences and "hard" sciences, it useful for demonstrating the varied sources of interpretations, as well as how the scientific procedure works and how it leads to interpretations with different degrees of validity. The multidisciplinary nature of the field can serve as a starting point for learning in other fields. It can be used to show how multiple disciplines and methods can be integrated in the study of a common subject.

From all of these perspectives, prehistory raises questions concerning the nature and validity of our representations. In educational contexts, it can be used to stimulate a critical view of images and texts, thus facilitating the development of analytical tools that can be transferred to other domains.

How we interest children and the general public in prehistory, and how can we lead them to approach these wider domains? One tool that is often criticized by scientists, but that is nonetheless ubiquitous in museums, expositions, books and films, is reconstructions of human ancestors. As an archaeologist, I was skeptical of their use in such contexts. However, after having had the opportunity to work with both children and adults on the *Human histories* exposition, I am now convinced that under certain conditions reconstructions can constitute an effective pedagogical tool.

I will describe this work, conducted in collaboration and the *Pôle International de la Préhistoire* and coordinated by Bruno Caudron[2], while focusing on the methods that we developed for turning the educational limits of human ancestor reconstructions into advantages.

THE INTERNATIONAL POLE OF PREHISTORY

The public demand for scientific and technical culture is steadily growing. In this context, the prehistoric patrimony of the Vézère Valley in Dordogne region of France is a unique resource. Though no archaeologist need be reminded of the contribution of its ensemble of Paleolithic sites to prehistoric research since its early beginnings, its enormous educational potential has been less fully exploited.

In this interest, the French State government, the Aquitaine Region, and the Dordogne Department created the *Pôle International de la Préhistoire* (PIP) with the goal of developing and improving the presentation of this patrimony to the public, including school groups, tourists, university students, amateurs and specialists. One of its main objectives is to facilitate collaborations between various structures already active in this venture[3].

The work of the PIP follows three main axes: tourism, documentation and education. Though our focus here is on education, all of these axes are intimately integrated as the activities of one inevitably contribute to and depend on the others. The main goals of the education, or "mediation"[4], section of the PIP include:

- to develop and conduct educational projects with school groups of all ages;
- to develop and conduct educational programs for teachers, guides, librarians, and other adults with an interest in prehistory;
- to develop and test pedagogical procedures and tools in prehistory and archaeology.

Pedagogical orientations

The pedagogical philosophy of the PIP is that education in prehistory should not only improve one's knowledge of the past, but should also provide an opportunity to understand how that knowledge is constructed. Rather than presenting static, ready-made facts, we strive to show the dynamic scientific, and non-scientific, procedures that lead to interpretations. We place an emphasis on the methods of anthropology and the multidisciplinary nature of the field.

Rather than **transmitting** knowledge to passive consumers, our approach is to encourage **participation** in its construction through both the practice of scientific methods, and through reflection on one's own knowledge and experience. In this way, we help students to develop analytical tools and critical thinking.

Our interventions are not conceived as single events; they are integrated into educational projects that have prehistory as their theme, or another topic to which prehistory or archaeological methods are applicable. We do not propose projects in a ready-made form. They are conceived and developed with the participation of teachers and students and are tailored to their needs and interests.

Depending on the content of the project, the PIP often intervenes as a team (teacher, archaeologist, documentalist, journalist), coordinated by Bruno Caudron, and participates at all stages of a project (conception, research, realization, presentation, evaluation). Our team is complemented by the participation of various specialists

---

[2] Bruno Caudron is an accredited teacher with the French National Education, assigned to the PIP. All pedagogical work of the PIP is conducted under his coordination and supervision.

[3] Service d'Archéologie Départmental, Musée National de Préhistoire, Monuments Nationaux, and private sites, for example.

[4] Mediation: The ensemble of resources and actions that permits the transmission and communication of knowledge to the public. The main objective is act as an intermediary between those who possess knowledge and the public, whose own experiences, expectations and aspirations are taken into account.

who discuss their work and enter into direct contact with students, thus demystifying the image of the "savant".

THE "HUMAN HISTORIES" (*HISTOIRES D'HOMME*) EXPOSITION

The "Human histories" exposition consists of four reconstructions of human ancestors: *Australopithecus afarensis*, *Homo erectus*, *Homo néanderthalensis* and *Homo sapiens* (figures 1-4). They were created by the *Atelier Daynes*[5] using the most recent technical methods combined with the artistic skills of Elizabeth Daynes and the scientific collaboration of various paleoanthropologists. Each reconstruction is modeled after casts of actual fossils, two of which come from the Dordogne region: a Neandertal male from La Ferrassie I and a *Homo sapiens* male from Laugerie Basse.

Figure 1 – Reconstruction of *Australopithecus afarensis* from Hadar, Africa.

The exposition context consists of one or two texts opposite each reconstruction written by a specialist of the species or time period in question. These are not factual descriptions, but diverse subjects chosen by the author, such as female statuettes with the *Homo sapiens* reconstruction and bipedalism with the Australopithecine.

There is a panel explaining how the reconstructions are created, and several panels with "breaking news" stories in the field of paleoanthropology. A large panel at the end of

[5] Atelier Daynes: www.daynes.com

the expo shows several phylogenetic trees proposed by specialists. Finally, there is a table with a stone and bone tools characteristic of each species.

The PIP later added "ID cards" with basic chronological and geographic information about each species that the public can carry with them during the visit. A French to English translation of all texts was also furnished by the PIP.

These reconstructions were acquired by the Conseil Général of the Dordogne Department and loaned to the PIP. The exposition was produced and managed by the PIP. The town of Montignac (Dordogne, France) provided the locale and additional personnel.

The exposition opened in Montignac in July 2002 and closed temporarily in June 2004. It was open to the public during approximately 8 months a year, and heavily visited during the months of July and August. Many school groups, from grade school to high school, visited the exposition in the context of projects coordinated by the PIP.

The PIP has since modified the exposition context to better adapt it to their pedagogical needs. It was reopened to school groups for accompanied visits in 2005.

CRITICISMS OF HUMAN ANCESTOR RECONSTRUCTIONS

Though recognized as a valuable research tool, many archaeologists and physical anthropologists criticize the use of human ancestor reconstructions in educational contexts. Their objections are most often related to the fact that some aspects of the reconstructions are focibly based on the interpretation of non-preserved characteristics, such as skin color, eye color, pilosity and clothing.

The choices made in representing these aspects can be influenced by many factors. For example, if the reconstruction is modeled after a real fossil, it is logical to base its appearance and activity on the environment of its region of origin, or more tenuously, on the appearance of modern inhabitants of that region. From this perspective, it may be valid to represent a *Homo sapiens* from Africa with dark skin and a *Homo sapiens* from Europe with light skin. Depending on the theoretical orientation of the collaborating scientist, it might be also acceptable to show *Homo erectus* from China with an eye form similar to that of modern Chinese people.

However, even when such choices are scientifically justified, a single reconstruction has cannot avoid the problem of reducing human variability to a single, static image. Images are very influential, and the danger is thus to mask or erase, in the mind of the observer, the immense diversity of human appearance and culture within and between populations.

This problem can be alleviated by explanations, but public expositions where a guide can accompany all, or even many visits are rare. It is possible to give explanations in

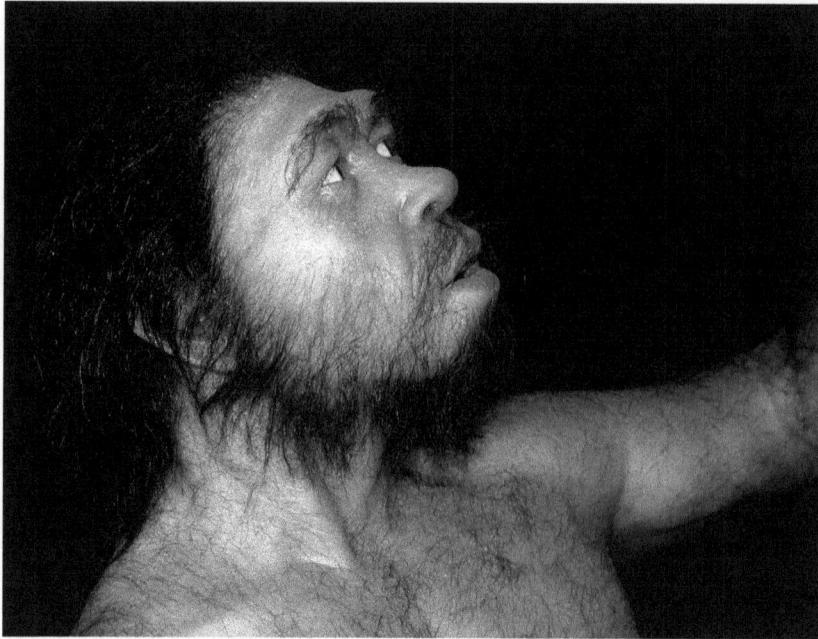

Figure 2 – Reconstruction of *Homo erectus* from China

Figure 3 – Reconstruction of *Homo neanderthalensis* from La Ferrassie I (Dordogne, France)

texts, but a large proportion of visitors do not read the texts, especially in the context of an exposition whose principal impact is through images. An ideal solution would be to present multiple hypotheses for the appearance and activities of prehistoric humans, in other words, multiple reconstructions. However, the financial costs and space requirements of this type of exhibit usually prohibit this alternative.

The above examples are best-case scenarios where many aspects of the reconstructions are based on scientific data. But very often, in contexts such as "theme parks" or children's books, reconstructions are based more on the artist's mental representation than on scientific knowledge.

The result can be highly biased by modern cultural influences, leading to many reconstructions that are at best inaccurate, and at worst, racist or sexist: Neandertals are dimwitted, hairy brutes, while *Homo sapiens* males are tall, white and kill bears with a single hand thown spear (Prehistoparc, Dordogne, France), and *Homo sapiens* females all have large breasts (Prehistoparc) and wear mini-skirts (in the film "Odyssée de l'Espèce").

The nature of a reconstruction also depends on the financial investment and objectives of the presenter (museum, education center, theme park, etc). Is the goal to educate, or to draw large numbers of tourists? Can both goals be satisfied with the same reconstruction?

Figure 4 – Reconstruction of *Homo sapiens* from Laugerie Basse (Dordogne, France)

TURNING LIMITS INTO ADVANTAGES

"Human histories" for the general public

Methods

Our first experience with the "Human histories" exposition was with the general public. A high density of visitors (average 800 per day in July and August) within a small space made guided tours nearly impossible. We thus chose the option of having a "resource person" circulate through the exposition to respond to the questions and comments of visitors. We also chose this method with the objective of drawing people into discussions rather than treating them as a passive audience.

The multiple levels of presentation of the Human histories exposition proved to be well adapted to unguided visits. Those in a hurry, or with mild interest, could rapidly circulate through, observing only the reconstructions. Those with a little more interest could integrate chronological and geographical information concerning each species with the ID cards. At the next level, visitors could read the texts associated with each species to learn more particular information concerning cultural aspects or the present state of research. Finally, the very interested visitor could read the additional texts concerning the making of the reconstructions, news stories and the phylogenetic trees. The resource person (myself) intervened at all levels, but was evidently most often called upon by the most interested visitors.

Results

"I'm so surprised! I learned that prehistoric people were not animals; they looked like us and they were intelligent."[6]

---

[6] This and the following quotations are comments written by the public in the exposition visitor's book.

As expected, the majority of visitors were most influenced by the reconstructions, which they usually observed on their own without the benefit of explanations. The criticisms discussed above are thus valid. However, I was surprised to observe that many were confronted with much more basic realizations, such as prehistoric humans were not apes, they changed over time and they were not stupid brutes.

"Thank you for this beautiful exposition. It really makes me want to know more."

"Fascinating exposition that plunges us into the heart of our history and brings out many questions."

Fortunately, the level of information often went much further as these realizations motivated visitors to ask more profound questions such as: How does evolution work? Why do they, and we, have different colors of skin? Did they have language? Why did they make art? Will we look different in the future?

"Very beautiful exposition...Thank you for sharing the pleasure of 'seeing' the past and making it more 'present'."

"Before I couldn't even imagine prehistoric people. I see all these caves and tools, but the people seemed so far away I couldn't imagine how they are related to me."

"Exposition very well done! Bravo. I'll go back to my country with different images."

These comments illustrate the power of images to make knowledge more tangible and attractive. Each person already possesses representations of prehistory, formed by their culture, education, family and media. These are very often outdated and erroneous. Avoiding images altogether in order to avoid presenting biased ones is thus perhaps not the best approach.

Images are an indispensable tool in education. But without accompanying explanations, even high quality images based on scientific and pedagogical criteria can lead to misinterpretation. Meanwhile, my experience with the general public at this exposition has shown me at least three important benefits that may, at least partially, compensate for the disadvantages of reconstructions.

First, even rapid observation of the reconstructions, without oral or textual explanations, can inspire an interest in prehistory and a motivation to seek more information. For someone who would never think to pick up a textbook, or even a popular book, on the subject, this is already a valuable accomplishment. Second, through no more than this rapid observation, visitors can learn some of the basic, but essential lessons of prehistory. Finally, given the nature of the representations held by most visitors, confrontation with a more accurate image, even if limited in its presentation of human variability, is positive in that it can stimulate a critical view of representations in general.

"Human histories" for children

Methods

For practical reasons, our interventions with the general public were largely passive, and thus limited in their educational potential. With school groups, on the other hand, our active role permitted us to further explore the pedagogical potential of this exposition. We thus asked ourselves, how can we actively transform the limits of reconstructions into effective learning tools? The solution we found is simple: don't hide them–use them!

This is possible if we view the exposition not only as a tool for presenting scientific information, but even more so as one to openly address the problem of interpreting data and creating reconstructions from them. From this perspective, we present the reconstructions as hypothetical propositions, not definitive restitutions. Through guided discussion, we lead the students through a critical analysis of them, helping them to distinguish between aspects of the reconstruction that are associated with greater or lesser degrees of certitude. For example, if the reconstruction is based on a nearly complete skeleton, its height is certain, its facial structure is probable, and its skin color is possible. If a *Homo sapiens* is shown painting, it is certain they painted, probable they painted with a brush made from animal fur or plant fibers, and possible they painted on clothing.

We follow with explanations of the different disciplines called upon and methods used in archaeology, physical anthropology and ethnology to obtain this information, and the different degrees of certitude associated with each one. In this way, we explain aspects of the scientific procedure and emphasize the multidisciplinary nature of the field.

Instead of a traditional presentation or question-answer session, this approach draws the children into an exchange of interrogations with the adult educators. This exchange, beginning in the classroom or at the exposition itself, always starts from the basis of the children's representations.

In the classroom, we may ask smaller children to draw pictures of prehistoric people, their habitats and their activities. We discuss their representations with them, asking them for explanations, but do not tell them if they are "right" or "wrong". This evaluation will be their work, with the help of the educators, when confronted with the reconstructions at the exposition.

We may also ask children to formulate a question concerning prehistory before their visit to the exposition. As with the pictures, we discuss the questions before the visit and then, rather than giving them answers, guide them through the procedure of finding answers themselves at the exposition, in workshops, at the library or on Internet.

At the exposition itself, the exchange begins with a preliminary discussion before the visit. The first questions we ask encourage the children to formulate and express their representations: What is prehistory? What did prehistoric people look like? Did they all look the same? Did they change? What did they eat? Where did they live? And so on.

As with the general public, I was surprised to learn that many children have very outdated and erroneous representations–or maybe this is not surprising considering the images presented to them in most books and films. When we ask, "what did prehistoric people look like", hands fly up and voices yell out, "monkeys"! Or to "where did they live" they answer "in caves"! At this point, we leave the questions partly in suspense, letting them discuss different possibilities with us and among themselves.

We then move to questions of methodology, or how knowledge is constructed, asking questions such as: If there are no prehistory books, how do we know all of this? What do we find at archaeological sites? What is preserved? What is not preserved? What do archaeologists and physical anthropologists do?

At this stage of the discussion, we give more clear answers in order to prepare them to analyze the reconstructions themselves. We describe to them what they will see: reconstructions of prehistoric human ancestors based on preserved materials, which for the Paleolithic are essentially bones and stones.

If their knowledge level is sufficient, we finish with some questions concerning human evolution: Where did our first ancestors live? Who was the first to leave Africa? Who was the first "European"? Who was the artist of the painted caves? And so on.

In front of each reconstruction, we first allow time for the children to discover on their own, to arouse their emotions and curiosity. We then ask them to analyze what they see–to tell us what is certain, what is not–what is preserved, what is not. Is this ancestor recent or ancient? This leads to questions of how we know, how does science work and where do our interpretations come from.

To follow the evolution of one species to the next, we give them a few "key" characteristics to look for, such as the chin, brow ridge and brain size. We show them skulls so they can make comparisons with the reconstructions. We also discuss cultural and behavioral aspects of each species, such as art, language, technology, fire, migrations, etc.

Most often, the exposition constitutes just one component of a larger project with a specific theme, such as art, excavation, or dating methods. In this case, the children visit other sites and participate in related activities, and we emphasize the related aspects of the exposition.

Results

We have found that this same procedure of discussion and exchange works with all age groups. All of the benefits observed with the general public apply to children as well. Notably, we observed that reconstructions are an attractive, enjoyable way to motivate children's interest in prehistory. Many teachers told us that after visiting the exposition their students more voluntarily read books on prehistory and were more attentive and involved during lessons and projects.

As with the general public, the exposition proved to be effective for transmitting many of the basic foundations of Paleolithic prehistory: prehistoric people were not monkeys, they changed through time (illustrating the concept of evolution), they were hunter-gatherers, etc. The exposition thus played the very important role of placing the other sites and museums that the children would visit into the broader context of human evolution in the Dordogne region and in the world.

The difference from the general public is that our active role allowed us to develop these areas much further, as well as to concentrate on methodological and epistemological realms. The exposition proved to be an excellent tool for showing how knowledge is constructed and how the scientific procedure works. For example, discussions often led to explanations of how all historic sciences must rely on the present, through observations and experiments, to understand the past. The children were also very intrigued by the exposition's example of how modern technology can be used to understand and reconstruct the past.

This approach allowed us to «demystify» science, showing that not all scientific results are written in stone, or in bone... The reconstructions allowed us to confront outdated representations and knowledge held by the children (and the teachers...), showing that with new discoveries, new methods and new approaches, knowledge is dynamic and continually evolving. We were also able to discuss the variable degrees of validity associated with different sources of interpretation. All of these aspects can stimulate a critical view of images and texts and help children to develop analytical tools.

In some cases, we also use the exposition as support to lead the children through a research process themselves. We ask them to formulate questions concerning prehistory before their visit and then guided them to several resources to find answers: the exposition, the local library, Internet, the teachers and "real" scientists who answered their questions. Afterwards, the children present their research results to the others.

CONCLUSIONS

In contrast to historic periods, for which we often have texts, images and archaeological remains that are more recognizable to us through our own cultural perspective, prehistory offers sites and objects that are less numerous and more difficult to interpret. In education, we must therefore rely on various media to transform these remains into a more familiar form. Reconstructions are thus used to represent human fossils as living beings, and artifacts as the tools made and used by them. But how can we reconcile the significant disparity between the incompleteness of the preserved remains and completeness of the image we wish to present, or between the limited number of images that can be produced and the immense diversity of human appearance and behavior? We cannot. And this is the problem of reconstructions. But does this mean that we should abandon them altogether as a pedagogical tool?

On the contrary, our experience with the "Human histories" exposition has shown us that both the advantages and the limits of reconstructions can constitute effective pedagogical tools–but only if certain conditions are respected and methods are used.

First, the reconstructions must be of good quality. This means that paleoanthropologists and archaeologists must not only validate the finished product, but also participate in its conception. In addition to the scientists, and artists and technicians who create the reconstructions, an ideal collaboration also includes educators. Too often, reconstructions are produced with little or no such collaboration and the educators are then forced to devise methods to *do what they can* with a tool that is imposed on them.

The reconstruction must avoid delving into the spectacular–mammoth hunts, confrontations with cave bears, and the like. It is often argued that this level of representation is necessary to incite the emotion and curiosity of the observer. But on the contrary, a realistic reconstruction that shows prehistoric ancestors carrying out common activities (tool making, fishing/hunting, gathering, cooking, sewing, drawing or sculpting, discussing around a fire, etc.), and thus evoking both their differences as well as their similarity to us, motivates much deeper emotion and questioning that a reconstruction that lives up to a spectacular, but erroneous, stereotype that in fact portrays a great distance between them and us.

As we learned from our experiences with the general public, even unaccompanied presentations of such reconstructions can present advantages that begin to equal their disadvantages. But ideally, to exploit their full educational potential and to compensate for their limits, qualified mediators should accompany reconstructions.

The mediator must have an education level sufficient to permit them to respond to varied and sometimes very difficult questions–often of a philosophical, epistemological or ethical nature. They must also have a good knowledge of methods in archaeology and physical anthropology. In short, they must have a good general anthropological culture.

It is difficult to evaluate this level since varied experiences and backgrounds can enhance, or in some cases replace, a formal education. However, I estimate that in the majority of cases, at least a Master's degree in archaeology or anthropology is necessary. Guardians or seasonal guides with no, or little, education or experience in anthropology do not have the necessary knowledge level. Since they are likely to posses the same erroneous representations as the public, their intervention can be more dangerous than useful–perpetuating and exacerbating the limits of recon-structions, rather than transforming them into advantages.

Finally, the mediator in this context, or in any context, must be willing to say *I don't know*–and this ability also comes with a sufficient education level, which allows one to understand that this is not necessarily a personal fault or one of the discipline. Though this can be destabilizing to the public, its effect can be a positive if followed up with explanations of **why** we don't know and why this is a natural part of any science–particularly of those that seek to understand the richest and most complex of subjects–humans.

References

International Pole of Prehistory: www.pole-prehistoire. com

MAURY, S. (2001) Le pole international de la préhistoire : pour un développement de la culture scientifique. *Bulletin de l'AMCSTI*, no. 8:14-16

ENJEUX DE LA PRISE DE CONSCIENCE ET DE LA PROTECTION DU PATRIMOINE: IMPORTANCE DE L'ARCHEOLOGIE EN MILIEU SCOLAIRE ET PERISCOLAIRE. L'EXEMPLE DU GRAND-PRESSIGNY (INDRE-ET-LOIRE. FRANCE)

THE RISKS OF CONSCIENCE IN HERITAGE PRESERVATION: THE CONSEQUENCES FOR ARCHAEOLOGY AT SCHOOL LEVEL AND BEYOND. THE 'GRAND-PRESSIGNY MODEL' (INDRE-ET-LOIRE. FRANCE)

par Jean-Claude MARQUET et Claude COHEN

Résumé : Les principes de base sur lesquels s'appuie l'activité pédagogique sont présentés. Le travail avec les élèves en classe du Patrimoine et hors temps scolaire est caractérisé: les activités suscitent l'étonnement et la curiosité. Elles facilitent le passage du concret à l'abstraction. Le savoir se construit dans l'action, aux côtés des archéologues qui montrent la nécessité de la rigueur scientifique et la relativité des connaissances. Découvrir l'outil qu'il a fabriqué et utilisé il y a 5000 ans ou plus, retrouver ses gestes pour réaliser un objet est la meilleure façon d'entrer en contact avec l'homme préhistorique. En définitive, pendant son séjour, l'enfant vit une stimulation émotionnelle et une immersion dans l'activité culturelle et scientifique qui revitalisent le désir d'apprendre.

Sur le site aménagé en musée de terrain, adultes et jeunes vont découvrir ce qu'est véritablement un site, la méthode que l'on doit utiliser pour le fouiller si on veut en tirer le maximum d'informations pour reconstituer la vie des hommes et l'histoire de l'environnement. Un tel lieu doit permettre de faire comprendre qu'un site est toujours unique et que tout site, Patrimoine commun, doit être préservé avec la plus grande rigueur.

Abstract: The basic principles of the pedagogical activities are presented. The pupil work in the Heritage class (and extramural events) are characterised: the activities excite and arouse curiosity, as well as facilitating the mind-journey from the concrete to abstraction. Learning occurs through action, alongside archaeologists who demonstrate the need for scientific rigor and related knowledge. Discovering a tool manufactured 5,000 years or more ago, and demonstrating how it was used in daily tasks is the best way to introduce the young to Prehistoric man. And during the process the child experiences a powerful emotional stimulation and a real involvement in the scientific and cultural activities in a way that refreshes his or her desire for learning.

With the on-site museum, both young and old can fully appreciate the site itself and the archaeological techniques employed to communicate the maximum information possible on the people who once occupied the location and the history of their environment. Such museums allow visitors to understand that each site is unique, and that all sites, the Heritage of us all, has to be preserved with the utmost care.

Mots-clés : Préhistoire, Education, Pédagogie, Démarche scientifique, Musée de site.

Keywords: Prehistory, Education, Pedagogy, Scientific approach, Site museum.

L'Archéologie est la science qui étudie les archives du sol. Son objet est la lecture des vestiges enfouis. Cette lecture doit conduire à la compréhension de l'homme, de son mode de vie, de ses activités, de son adaptabilité, de son environnement. Cette science fait appel aux techniques les plus simples comme l'observation directe d'une coupe ou d'un sol sur le terrain mais aussi aux techniques les plus sophistiquées tant en ce qui concerne l'observation (microscope) que pour tout ce qui touche aux déterminations des matières les plus discrètes jusqu'aux méthodes de datation.

Du fait de la très grande simplicité de son appréhension (on observe), mais aussi de la plus grande technicité des méthodes mises en œuvre (par exemple les méthodes liées à la radioactivité des éléments) la discipline archéologique constitue un champ extrêmement vaste sur lequel peuvent s'appuyer autant d'activités pédagogiques qui ont toutes pour finalité la formation au raisonnement scientifique, l'acquisition de l'esprit critique, la prise en compte du Patrimoine qui est le Patrimoine de tous, que ce soit pour les enfants les plus jeunes, passionnés de partir à la découverte de l'Homme de la Préhistoire jusqu'aux élèves de Terminale ou aux étudiants des universités.

Le panel des activités proposées à tous les publics depuis une vingtaine d'années au Grand-Pressigny et dans son secteur est tel que l'on peut dire que ces activités sont toujours tournées vers les buts précisés plus haut, que ce soit auprès des adultes qui viennent en visite sur le site archéologique, auprès des scolaires pendant toute une semaine en classe Patrimoine, en stage d'initiation à la fouille ou bien encore, pour des plus jeunes, en stage court ou en atelier de sensibilisation à la Préhistoire. La personne qui se trouve face au médiateur, quel que soit son âge, quelle que soit sa motivation, cette personne est toujours considérée comme susceptible de recevoir un message chargé de logique, de connaissance, d'esprit critique, d'ouverture vers les autres cultures, vers les autres.

1. PATRIMOINE ARCHÉOLOGIQUE, CLASSE PATRIMOINE ET RAISONNEMENT LOGIQUE

Le jeune élève qui se retouve en classe du Patrimoine n'a, le plus souvent, pas demandé à venir. Il a été entraîné avec ses camarades de classe et son enseignant qui, lui, a fait la démarche. L'enseignant a eu connaissance de cette possibilité de classe transplantée, il a rencontré le responsable des médiations afin de voir avec lui les diverses possibilités d'actions, il a décidé avec ce responsable des activités qui seront pratiquées pendant la semaine. Dans sa classe, pendant le mois qui a précédé sa venue, il a préparé le séjour avec ses élèves (travail sur la carte du département, travail avec une boussole, travail avec un mètre, travail sur la notion de temps,…ces activités préparatoires variant en fonction du niveau des élèves, du type de classe dans laquelle on se trouve).

Et puis, le jour J arrive, on débarque au Grand-Pressigny, on découvre un autre lieu, un autre espace pour dormir, un autre espace pour se restaurer, un autre espace pour étudier. Du fait que l'environnement est différent, les camarades sont différents, le maître (ou la maîtresse) est différent. Des consignes de vie auxquelles on n'était pas habitué vont être données et il va falloir se plier à ces nouvelles consignes en essayant d'oublier certaines autres, celles liées au fonctionnement journalier de la classe habituelle. Certains enseignants choisissent d'ailleurs de partir en classe transplantée en tout début d'année pour mettre le groupe classe dans une situation qui va faire que les élèves vont devoir s'insérer dans un cadre précis, se plier à une discipline stricte et cela va permettre à cette classe de créer son unité, de se découvrir. Cela va permettre à l'enseignant de décrypter assez rapidement la nature profonde de ses élèves, beaucoup plus facilement que s'il était dans les conditions d'une classe normale.

Et puis, dès l'après-midi de l'arrivée, les activités vont commencer. Le médiateur, au cours de la prise de contact, informe les enfants qu'il va essayer de les conduire à la rencontre des Hommes de la Préhistoire. Disons que le médiateur va tenter de conduire les jeunes à cette rencontre par trois voies différentes : par la voie de la reconstitution de gestes précis que l'homme de la Préhistoire a effectués au cours de ses activités, par la voie de la découverte d'un site archéologique, c'est à dire un site sur lequel l'Homme préhistorique a laissé des traces de son passage et enfin grâce à la voie du musée où des objets remarquables sont conservés et présentés avec le contexte de leur découverte.

Au cours de ces trois cheminements, est présent en permanence le souci d'amener l'enfant à parcourir une démarche logique, la démarche scientifique, la démarche du chercheur, la démarche hypothético-déductive, la démarche OPHERIC (et non OHERIC) - O comme observation, P comme formulation d'un Problème, H comme Hypothèse, E comme Expérience, R comme Résultat, I comme Interprétation de ce résultat et C comme Conclusion. L'objectif premier de ce séjour en classe du Patrimoine n'est donc pas de faire que ces enfants deviennent plus tard des archéologues mais que ces enfants manipulent des notions, des concepts, qu'ils se rendent compte, comme ils ont déjà commencé à le faire dans leur

classe, qu'une affirmation ne peut pas être proférée de but en blanc sans être assise sur un substrat solide qui autorise son énoncé.

André Giordan (Giordan, 1999) n'est pas d'accord avec cette manière simlple de définir la méthode scientifique ; il considère qu'elle n'est pas aussi linéaire, qu'elle est faite d'allers et retours d'hypothèses en expériences ou en arguments, de résultats et de conclusions en nouvelles hypothèses pour avancer ainsi de proche en proche sous la forme d'une construction complexe. Cette méthode est celle du chercheur, du chercheur en biologie, en physique, en archéologie, celle du chercheur en horticulture qu'est le jardinier qui, sans cesse, d'année en année, tente d'améliorer la qualité de ses productions. Cependant, nous disons, qu'en fait, cette démarche en allers et retours est une addition de démarches élémentaires qui s'ajoutent les unes aux autres, qui se combinent pour arriver souvent, comme le dit André Giordan, à de nouvelles questions qui se posent et demandent à nouveau réflexion.

Gérard de Vecchi et Nicole Carmona-Magnaldi (de Vecchi et Carmona-Magnaldi, 1996) vont dans le même sens qu'André Giordan en critiquant la méthode OHERIC qu'il est aisé d'améliorer en y ajoutant déjà le P de la formulation d'un problème comme nous le verrons plus loin : de OHERIC on passe à OPHERIC, beaucoup plus complet. Ces auteurs précisent qu' "émettre une hypothèse, la vérifier, en tirer une conclusion et généraliser ne constitue pas à proprement parler une démarche scientifique mais bien un moment de cette démarche. La démarche scientifique est quelque chose de beaucoup plus complexe". Ils décrivent le même type de cheminement qu'André Giordan, en réseau plutôt qu'en fonctionnement linéaire.

Il nous semble certain que pour faire toucher du doigt, aux enfants, y compris aux plus jeunes, la démarche scientifique, il est indispensable de la faire pratiquer selon le principe OPHERIC sur des phénomènes physiques (pourquoi le linge sèche-t-il plus vite lorsqu'il est étendu sur un fil que lorsqu'il est laissé en tas dans une cuvette ?) ou biologiques simples (pourquoi des lombrics que l'on dépose à la surface d'un peu de terre s'enfoncent-ils immédiatement dans cette terre ?). Il sera toujours temps en classe de sixième ou plutôt en Seconde (et encore…) d'expliquer que le travail du chercheur n'est pas aussi linéaire et aussi simple. Ajoutons que la méthode scientifique est aussi la méthode que nous utilisons tous les jours dans nos actions les plus banales ; c'est la démarche que nous adoptons lorsque nous avons une attitude logique, dans nos fonctionnements les plus ordinaires : aller à la recherche d'un objet précis dans une cuisine, d'un livre précis dans une bibliothèque ou une librairie, faire un peu de cuisine ; tout cela passe par la formulation souvent inconsciente d'un problème (j'ai besoin de ce livre, où vais-je le trouver), la formulation d'une première hypothèse (il se trouve sur la 3eme étagère de la pièce du bas), le test de l'hypothèse (je me déplace pour aller voir), un résultat (le livre y est ou n'y est pas), etc… si le livre n'y est pas, je formule une nouvelle hypothèse… sur la 3eme étagère, j'ai mis la main sur un livre qui se rapporte à une information entendue le matin même à la radio, je prends ce livre et le mets de côté pour y revenir rapidement. La vie de tous les jours est une suite d'enchaînements et d'actions qui répondent le plus souvent à la logique la plus élémentaire et qui font qu'en fin de journée j'ai réussi un certain nombre de choses. Bien sûr, on peut aussi se laisser porter par les évènements ou bien agir d'une manière irraisonnée.

Avec les élèves de Cours Moyen ou de la classe de Sixième, l'apprentissage de la méthode se fera sur un problème simple de physique ou de biologie par exemple. On apprendra notamment que dans une expérience, on ne doit faire varier qu'un seul paramètre à la fois si plusieurs hypothèses ont été formulées.

a) Refaire les gestes de l'Homme de la Préhistoire

Nous choisissons un champ, nous délimitons dans ce champ une parcelle de forme carrée de 10 mètres sur 10 mètres. Nous allons ramasser dans cette parcelle tous les objets qui se trouvent en surface. Les enfants ont été informés que deux autorisations ont été nécessaires pour faire cet exercice : une autorisation a été demandée au propriétaire du terrain et une autre (une autorisation de prospection) a été demandée au Service Régional de l'Archéologie qui est chargé de la surveillance des sites et de tous les travaux qui se font sur les sites.

Nous revenons en salle de travail et étalons tous les objets sur une grande table. Si le groupe est important, on peut travailler sur plusieurs tables (4 au maximum). La premiere opération va consister à séparer ces objets en deux sous-ensembles : le sous-ensemble des objets constitués de matiére organique et celui des objets constitués de matière minérale. Le premier sous ensemble est abandonné. On reprend le second et on le partage à nouveau en deux nouveaux sous-ensembles : celui des objets d'origine naturelle et celui des objets d'origine artificielle. Dans le premier, on va retrouver toutes les roches, dans le second on aura des fragments de terre cuite, du verre, du métal, etc... Ce second sous-ensemble est provisoirement abandonné; on pourra y revenir notamment pour faire apparaître des objets qui paraissent anciens (plus de cent ans !) et des objets récents (moins de cent ans !). On pourra ainsi mettre le doigt sur des tessons de poterie préhistorique ou, en tout cas, des tessons anciens.

Nous revenons ensuite au premier amas, celui qui est constitué de cailloux. En Touraine, au Grand-Pressigny, ce tas sera constitué essentiellement d'éléments siliceux, des silex. Mais, parmi ces silex, nous pouvons avoir des choses très différentes.

Nous allons demander ici, et c'est plus difficile que ce qui a été fait auparavant (il faudra sans doute aider, en donnant des indications de plus en plus précises), de faire apparaître trois ou quatre sous-ensembles en fonction des caractéristiques des différents objets qui restent maintenant en place sur la table. Ces caractéristiques sont d'ailleurs découvertes en commun : c'est la taille des éléments, leur couleur, leur forme générale et les formes qui apparaissent sur les différentes faces de l'objet.

Il n'est pas toujours facile de faire reconnaître que :

- certains éléments sont rougeâtres alors que les autres ont la couleur naturelle du silex que l'on peut reconnaître sur le plus grand nombre d'entre eux, (on fera également mettre dans cet ensemble les éléments blancs et craquelés),

- certains éléments ont une forme plutôt aplatie tandis que d'autres n'ont pas cette forme,

- les éléments qui ont une forme aplatie ont donc deux faces, que l'une de ces deux faces est formée de plusieurs facettes tandis que l'autre n'en possède qu'une et que celle-là possède un bombement excentré près d'une partie épaisse du bord de l'objet.

- certains éléments pourront être mis dans une quatrième catégorie si les caractéristiques ne permettent pas de trancher entre les trois premières.

Une fois que ce travail d'observation attentive est fait (c'est le O de OPHERIC), il ne reste plus qu'à s'interroger et se demander pourquoi tous ces objets de même nature siliceuse possèdent des caractéristiques différentes, caractéristiques que l'on retrouve régulièrement dans chacune des différentes classes d'objets. Nous avons ainsi mis en évidence un problème (c'est le P de OPHERIC) qu'il va falloir tenter de résoudre. Pourquoi certains éléments ont- ils des faces et facettes lisses et une bosse excentrée sur la face à facette unique ? Pourquoi d'autres éléments ont-ils des surfaces irrégulières avec quelquefois une bosse mais plutôt centrée au milieu de la face ? Pourquoi certains éléments rougis ou blanchis ont-ils une surface chagrinée, irrégulière ?

Le problème étant bien cerné, le chercheur, l'enfant, le groupe, sous la conduite de l'archéologue, va pouvant donner libre cours à son imagination en formulant des hypothèses (c'est le H de OPHERIC). L'archéologue est là pour que les hypothèses les plus farfelues soient examinées sans attendre et qu'elle soient rejetées, la raison pour laquelle elles sont rejetées étant évidemment donnée par l'archéologue. Celui-ci laisse les enfants s'exprimer car cette phase est une phase essentielle de la démarche de la recherche. L'archéologue entend les hypothèses et privilégie naturellement celles qui correspondent effectivement aux différents agents qui peuvent être responsables de l'éclatement des blocs de silex. Vont, bien sûr, se dégager les hypothèses de chocs, chocs par percussion mécanique mais aussi de choc thermique, le froid et la chaleur pouvant également être responsables de ce type de choc (fig 1).

Ce sont les enfants eux-mêmes qui vont découvrir la suite du processus car cette démarche a déjà été évoquée en classe, ou bien si elle ne l'a pas encore été, c'est une découverte pour eux que c'est grâce à des expériences (c'est le E de OPHERIC) que les différentes hypothèses vont pouvoir être testées. La recherche du protocole des différentes expériences est ici particulièrement simple à découvrir mais, dans d'autres cas, ce protocole sera beaucoup moins évident à mettre en place. Ici, il n'est pas nécessaire de prévoir de témoins puisque ce sont les éclats obtenus par les différents types de chocs qui serviront en

Figure 1. Eclats. En haut : éclat taillé, au milieu : éclat gélif, en bas : éclat chauffé.

fait de témoins les uns par rapport aux autres. Il est cependant tout à fait indispensable de travailler sur trois fragments d'un même bloc pour les trois expériences, un quatrième fragment étant également conservé comme témoin.

Pour savoir comment se présente un éclat qui a été obtenu par percussion, il suffit de se munir de l'une des quatre parties du noyau et d'un percuteur, de frapper sur le noyau avec le percuteur. C'est l'archéologue qui va cependant guider l'enfant pour qu'il y ait bien départ d'un éclat, il est nécessaire de suivre une sorte de protocole pour que la frappe soit positive. Il va de soi qu'étant donné le caractère très coupant des arêtes ainsi créées sur les éclats, il est indispensable de protéger au moins les cuisses et les yeux des enfants-tailleurs (fig 2).

Pour savoir comment se présente un éclat qui a été produit par un choc thermique dû à la chaleur, l'expérience est particulièrement simple à réaliser mais, là encore, il est nécessaire de prendre beaucoup de précautions. On met donc le deuxième partie du bloc de silex dans un foyer, le bloc éclate brutalement et des éclats peuvent être projetés à plusieurs mètres. C'est surtout l'eau, présente même en très faible quantité, qui entre en ébullition sous l'effet de la chaleur et qui est responsable de l'éclatement du bloc. Une fois refroidis, les éclats peuvent être récupérés (fig 3).

Pour savoir si un choc thermique froid peut également produire des éclats, il suffit de placer le troisième bloc dans un congélateur pendant quelques heures. L'opération est,

cette fois, dangereuse pour le congélateur, car des éclats peuvent également être projetés violemment contre les parois de celui-ci et sectionner les conduits. Dans ce cas du choc thermique par le froid, c'est encore l'eau qui est responsable de l'éclatement puisque celle-ci augmente de volume en se transformant en glace ; elle créée ainsi des fissures dans un bloc qui n'en possédait pas et produit ainsi des éclats. Ces expériences sont l'occasion rêvée, même si ce n'est pas exactement le sujet, de faire remarquer combien l'eau qui est une substance très abondante sur la terre possède des propriétés tout à fait extraordinaires par son augmentation de volume aussi bien lorsqu'on la chauffe que lorsqu'on la refroidit alors qu'un métal par exemple augmente toujours son volume lorsque sa température augmente.

Trois expériences destinées à tester trois hypothèses ont ainsi été réalisées, il convient maintenant de lire les résultats de ces trois expériences (c'est le R de OPHERIC). Les quelques éclats obtenus par percussion directe avec un percuteur de pierre sont placés sur la table avec une étiquette indiquant l'agent qui les a produits. De la même manière, les éclats obtenus par choc thermique de chaleur et les éclats obtenus par choc thermique de froid sont mis sur la table avec les étiquettes correspondantes. Les trois ensembles d'éclats (il vaut mieux avoir plusieurs éclats dans chacune des trois catégories) vont pouvoir être attentivement examinés, les caractéristiques communes que l'on retrouve dans chacun des trois ensembles étant soigneusement notées. On va observer que les éclats obtenus par percussion sont de forme aplatie, qu'une face est constituée d'une seule facette, que cette face possède un bombement excentré situé près d'un bord de l'éclat qui possède une certaine épaisseur. A ce moment, l'archéologue peut donner le vocabulaire scientifique qui concerne ces caractéristiques ; les enfants retiendront (on peut leur faire écrire ces mots sur une feuille de papier) les endroits où se trouvent le bulbe de percussion, le talon de l'éclat, la face d'éclatement, la face dorsale et on pourra même trouver sans trop de difficulté le point de percussion. Sur les éclats dus au gel, on ne retrouvera pas toutes ces caractéristiques mais seulement une face d'éclatement bombée avec un bombement central par rapport à la face. Pour les éclats faits par le feu (la chaleur), on verra qu'ils ont souvent la forme d'une écaille avec une face concave et une face convexe et surtout que la couleur du silex a changé grâce au bloc témoin.

Nous arrivons ensuite à l'interprétation des résultats (c'est le I de OPHERIC). Nous avons maintenant sur la table six tas d'objets en silex : les trois (ou quatre) premiers proviennent du premier travail de sériation sur le matériel qui a été collecté dans le carré de prospection. Les trois derniers sont les trois tas d'éclats qui sont issus de nos trois expériences. Le jeu va consister maintenant à voir s'il existe une relation entre les trois (ou quatre) tas de la prospection et les trois tas de l'expérimentation. On peut penser que les enfants, ou les adultes car ce travail peut être fait de la même manière avec des adultes, vont assez rapidement associer les tas deux à deux, le quatrième tas issu de la prospection étant un ensemble d'objets atypiques dont certains pourront d'ailleurs rejoindre l'un ou l'autre des trois premiers tas avec l'aide de l'archéologue

Figure 2. Elèves de CM1 équipés, débitant quelques éclats.

Figure 3. Elève de 6ème fabriquant un microdenticulé.

prospection va être associé aux éclats obtenus par choc thermique froid.

Il reste maintenant à conclure (c'est le C de OPHERIC). La sériation qui a été effectuée sur les éléments siliceux issus de la prospection correspond donc bien à des éclats qui ont été produits par des agents naturels (la chaleur d'un foyer ou d'un incendie, le froid d'une période glaciaire) ou par un phénomène artificiel : la percussion directe à l'aide très probablement d'un percuteur dur (il resterait en effet à préciser le type de percussion qui a été utilisée, percussion directe au percuteur dur ou tendre ou encore percussion indirecte voire même la taille par pression).

Avec cet exercice, nous avons parcouru, avec l'enfant, sans le lui dire, toutes les étapes de la démarche scientifique. Bien sûr, ce n'est pas avec ce seul exemple et en cette seule occasion que l'enfant va acquérir et posséder le principe de cette démarche mais, cet exercice venant s'ajouter à d'autres dans les domaines de la Biologie, de la Physique, de la Chimie, de la Technologie et aussi aux activités de tous les jours, cela permet une nouvelle mise en contact avec un état d'esprit qui devrait animer chacun dans les moindres actes de ses habitudes de vie, ces actes étant devenus, à la longue, automatiques.

D'autres activités pour refaire d'autres gestes de l'Homme de la Préhistoire. La notion de chaîne opératoire.

Dans le cadre de l'exercice précédent, l'enfant a refait quelques gestes de l'homme préhistorique : il a taillé quelques éclats qui lui ont permis de bien comprendre comment sont faits ces éclats, ces artéfacts, et comment on peut les distinguer d'éclats naturels.

Au cours d'une autre séance on peut reprendre ces éclats et les aménager en outils. On peut ainsi très facilement fabriquer un racloir en retouchant le bord de l'un de ces

(lorsqu'un éclat de taille a été cassé, l'un des deux fragments n'a pas de bulbe et pourtant il s'agit bien d'un éclat taillé). Ainsi le premier ensemble d'éclats de la prospection va être associé au tas des éclats obtenus par percussion directe. Le deuxième tas de la prospection va être associé par exemple aux éclats, rougis, obtenus par choc thermique chaud et enfin le troisième tas de la

Figure 4. Bloc de silex placé dans un foyer pour produire des éclats thermiques.

éclats, un grattoir en travaillant sur un éclat un peu allongé ou sur un éclat circulaire en retouchant ce bord et en lui donnant une forte courbure bien régulière. Il est également très facile de faire réaliser une encoche en utilisant comme percuteur un galet de petite taille et puis, à partir d'une encoche, en faire une seconde à proximité sur un endroit bien choisi pour aboutir à un perçoir. Tout aussi simple est la réalisation d'un microdenticulé du type de ceux que l'on trouve dans les sites du Néolithique final local : pour le réaliser on utilisera deux éclats, l'un qui va servir de support et l'autre dont le tranchant va servir à faire de toutes petites encoches sur le bord rectiligne ou de préférence légèrement concave du premier éclat. Il est nécessaire de montrer, au préalable, une photographie d'un véritable microdenticulé et de bien montrer la technique qui permet, en appuyant les deux avant-bras sur la cage thoracique, de faire des denticulations très fines et surtout très régulièrement disposées.

La réalisation d'un burin est un tout petit peu plus complexe puisqu'il faut, dans un premier temps, obtenir un éclat laminaire ou une courte lame (il est également possible de faire un burin sur un éclat) ; il faut ensuite préparer une troncature, oblique de préférence, et enfin donner le coup essentiel, le coup qui va permettre de faire partir la chute de burin, longue et étroite qui emporte avec elle une partie du tranchant de la lame-support ou de l'éclat-support.

La réalisation d'un biface n'est pas envisageable avec les enfants, du moins un biface réalisé par eux-mêmes. En effet, cette réalisation se compose d'un grand nombre d'enlèvements alternativement sur une face et sur l'autre ; elle demande une certaine habitude de l'enlèvement d'éclats et cette habitude ne peut s'acquérir en deux ou trois heures.

Ce qui est très important ici, dans cette petite série d'exercices, c'est que l'on va pouvoir dégager une notion extrêmement importante, à portée universelle, qui est la notion de chaîne opératoire. En effet, tous les objets manufacturés qui existent aujourd'hui et qui ont été faits hier, sont tous obligatoirement issus d'une chaîne opératoire plus ou moins complexe mais qui répond universellement au même schéma. Toute chaîne a à son origine une matière première et à sa fin un produit fini, des déchets et des traces supplémentaires sur les outils qui ont été utilisés au cours de l'enchaînement des diverses phases de la fabrication de l'objet.

Si l'objet est constitué d'une seule matière, ce qui est souvent le cas pour les outils préhistoriques, la chaîne est relativement simple. Si l'objet fabriqué est un outil composite, la chaîne est évidemment plus complexe. La chaîne opératoire de la fabrication d'une automobile d'aujourd'hui est évidemment particulièrement compliquée mais la chaine de fabrication d'un pain ou même d'une tartelette est beaucoup plus simple, quoique…si on n'oublie rien…

La chaîne opératoire de la fabrication des outils préhistoriques décrits précédemment est relativement simple et, grâce à ces exemples, il est aisé de faire comprendre ce concept aux enfants pour leur faire ensuite saisir qu'il est d'une très grande généralité même s'il est impossible de la mettre rapidement sur le papier pour les objets les plus complexes (fig 4).

Fabriquer un perçoir implique que l'on possède de la matière première facile à tailler (roche dure et cassante comme le silex, l'obsidienne, la porcelaine,…) et un ou deux percuteurs (galets de roches dures ramassés dans le lit d'une rivière ou sur une plage ou encore dans les alluvions

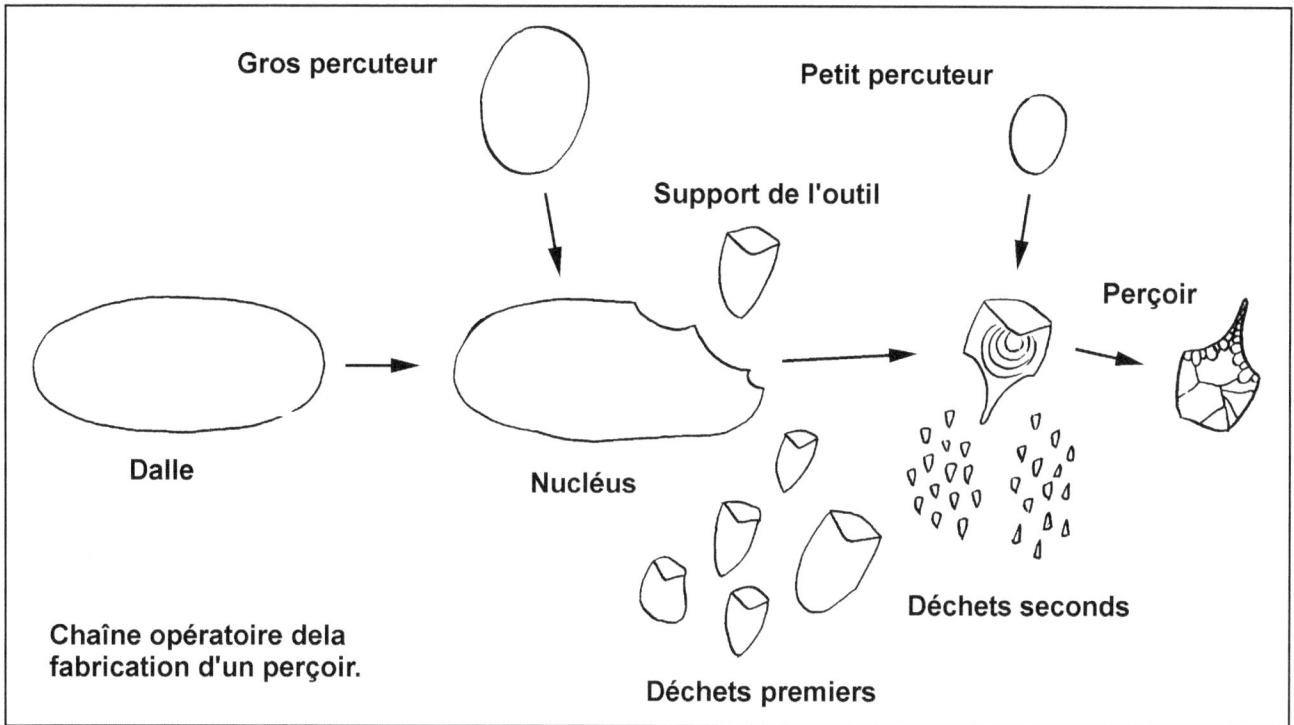

Figure 5. Chaîne opératoire de la fabrication d'un perçoir.

abandonnées par le fleuve dans la vallée). Avec le gros galet on détache quelques éclats du bloc de matière première qui est appelé nucléus (figure 1). On choisit parmi ces éclats celui qui semble le mieux convenir à la production d'un perçoir. Avec le petit galet, on réalise deux encoches de part et d'autre d'une zone plus ou moins pointue du pourtour de l'éclat et en élargissant avec précaution chacune des deux encoches, on va arriver à la jonction de ces deux encoches au niveau d'une partie très acérée qui peut donc devenir un perçoir. Les déchets produits sont les grands éclats qui n'ont pas été choisis comme supports et de minuscules éclats qui proviennent du façonnage des deux encoches. Les deux percuteurs qui ont servi dans cette opération portent quelques petites traces de percussion supplémentaires par rapport à ce qu'ils possédaient au départ.

Considérons un second exemple préhistorique un peu plus complexe que le précédent : la fabrication d'une sagaie (figure 2). Pour réaliser cet objet que l'homme utilise pour chasser certains animaux, plusieurs matières très différentes les unes des autres sont nécessaires. La longue hampe en bois sera prélevée dans la nature sur un noisetier, un frêne, un if ou quelque autre arbre donnant des rameaux à la fois droits, solides et un peu souples. Pour écorcer, régulariser la surface de cette hampe, un grattoir concave (une encoche) est nécessaire ; cette encoche sera réalisée grâce à une autre chaîne opératoire annexe du type de celle que nous avons décrite précédemment. A l'extrémité de la hampe, il est nécessaire de fixer une pointe perforante qui va donner une grande efficacité à la sagaie. Cette pointe peut être par exemple une pointe à cran en silex, taillée par pression avec une retouche très couvrante du type de la retouche solutréenne. Il reste maintenant à fixer cette pointe à

l'extrémité de la hampe, cette fixation jouant un rôle essentiel dans l'efficacité de l'objet. La fixation est double : elle se fait d'une part avec du boyau d'un herbivore de taille moyenne ; aujourd'hui on utilise du boyau de mouton mais on peut supposer que les magdaléniens utilisaient des boyaux de renne ou d'un autre herbivore de cette taille présent dans l'environnement. Cette ligature n'est pas suffisante, elle doit être complétée par une substance collante qui va donner une très grande solidité à la ligature. Cette colle, dont on a retrouvé la composition en analysant les résidus découverts sur certaines pièces de silex provenant des gisements, est un mélange de collophane (résine), de cire d'abeille et de poudre d'ocre. Le mélange de ces trois substances se fait bien à chaud. En se refroidissant, il donne une colle extrêmement solide qui procure à la pointe de la sagaie un très grand pouvoir perforant.

On parcourt ici une chaîne opératoire d'une certaine complexité avec des chaînes annexes (taille du grattoir concave, taille de la pointe par pression, fabrication de la colle, récupération du boyau de mammifère herbivore) mais l'ensemble reste suffisamment simple pour pouvoir être conçu ou reconnu par les enfants. La formalisation de cette chaîne et de ses chaînes annexes sous la forme d'un diagramme constituera un exercice qui aidera à mettre de l'ordre dans les connaissances et facilitera la structuration de la construction mentale (fig 5).

La notion de chaîne opératoire peut être amenée grâce à la fabrication de nombreuses autres productions comme une céramique, un propulseur, un arc, une lampe à graisse, un couteau à moissonner emmanché, une gravure sur une dalette calcaire, etc... Pour chacune de ces productions, une ou plusieurs matières premières (en général plusieurs)

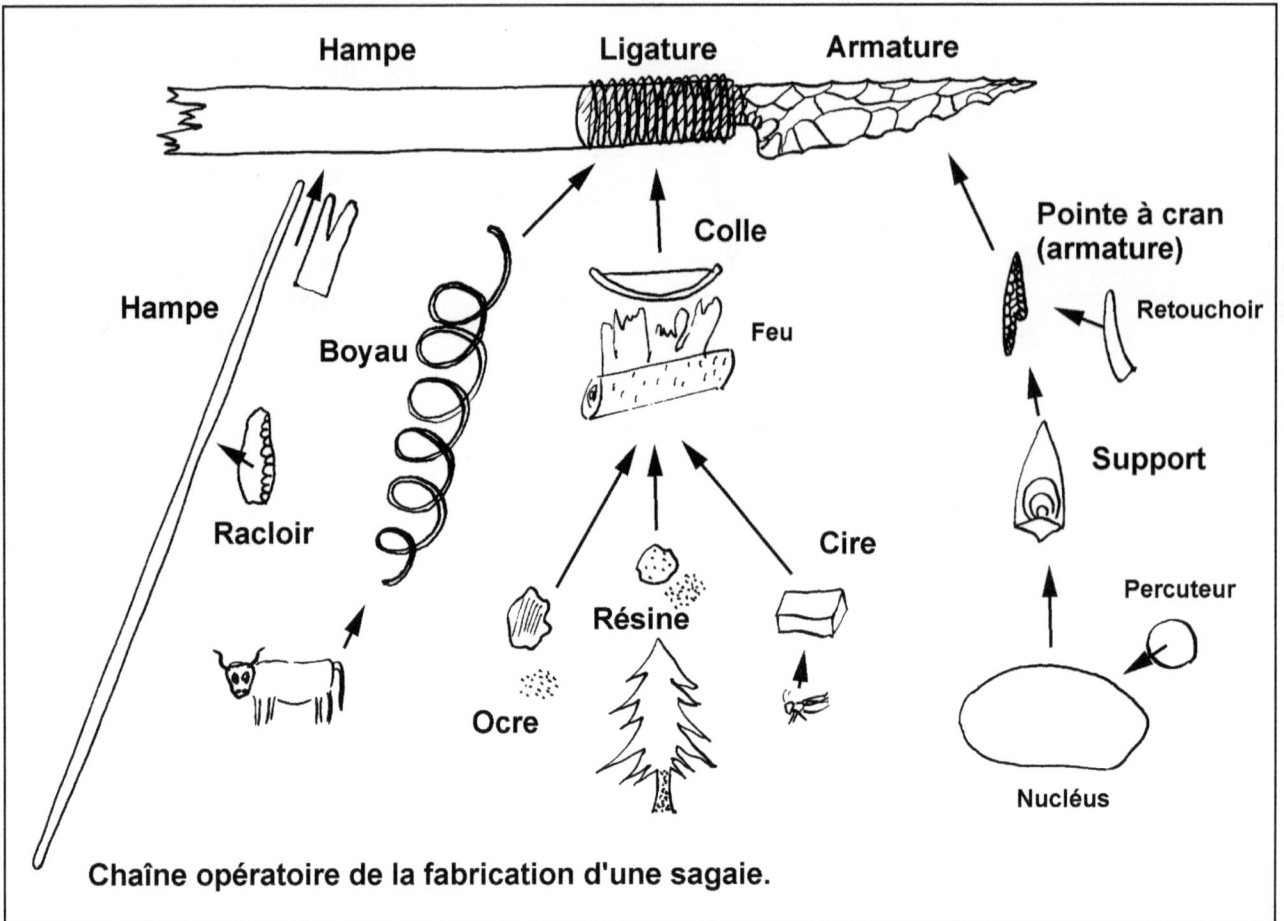

Chaîne opératoire de la fabrication d'une sagaie.

Figure 6. Chaîne opératoire de la fabrication d'une sagaie.

sont nécessaires et ce travail de recherche quant aux matériaux nécessaires pour fabriquer un objet ou un autre est toujours très motivant. Ce travail est surtout très profitable pour l'enfant car on voit ainsi que toute production humaine (tout artéfact) tire son origine obligatoirement de matériaux issus du sol ou bien de matières animales ou végétales (les météorites qui sont les seuls objets extraterrestres que l'on peut ramasser à la surface de la terre n'ont pas d'utilité techno-économique du fait de leur très grande rareté).

Combien d'enfants qui n'ont eu qu'un contact très discret avec ce domaine par une phrase dite par l'enseignant, par un court texte lu dans un livre, par une image vue dans un document ou sur un écran de télévision veulent devenir, à dix ans, archéologue, paléontologue, géologue,... Leur motivation va se trouver ici, d'un coup, renforcée et – bien que ce ne soit pas l'objectif recherché – l'implication va se trouver encore décuplée.

b) Sur le site. A la rencontre de l'Homme de la Préhistoire

Aller à la rencontre de l'homme préhistorique par l'acquisition de la technique de la fouille archéologique, sur un site réel, amène l'élève à se placer dans le cadre d'une école de méthode, de rigueur et d'honnêteté scientifique.

Sur le chantier de fouille, en présence de professionnels, l'élève accomplit les gestes du fouilleur. Il travaille dans un carré de 1 mètre de côté ou un sous-carré de 0,50 mètre bien délimité avec des cordelettes tendues et facile à repérer grâce à un système de coordonnées cartésiennes identique à celui du jeu "la bataille navale". Il dégage des objets en utilisant une spatule en matière plastique afin de ne pas abimer les bords des éclats de silex. Il relève leurs coordonnées, il situe les objets sur un papier millimétré, numérote, mesure. Il devient acteur de l'enregistrement de données que le scientifique pourrait théoriquement traiter pour élaborer, confirmer ou infirmer des hypothèses (fig 6).

Les relevés ne sont pas chose facile à faire. Les erreurs sont possibles. Par cette tâche laborieuse mais fascinante pour lui, il rencontre en grandeur réelle, la nécessité de la rigueur scientifique et la relativité des connaissances.

La méthode de fouille ne s'arrête pas au dégagement des objets, à leur enregistrement, à leur lavage et à leur stockage. Elle nécessite aussi l'interprétation des données. Avec les élèves, il est difficile d'effectuer en totalité ces opérations. La présence des archéologues qui sont responsables du "site-école" permet à tous moments, de répondre à leur questionnement. A partir des plans établis, représentant la disposition des structures fouillées, les élèves sont en contact avec la phase suivante de la

Figure 7. Ecole de fouille à Abilly pour des élèves de CM2. Chaque élève est responsable de la fouille d'un carré de 50 cm de côté. La fouille est réalisée sur les couches remaniées d'un site archéologique du Néolithique final. Ces couches remaniées sont aussi riches que celles du site en place mais aucune structure n'est plus observable.

Figure 8. Ecole de fouille pour des élèves de 6ème. Le travail méticuleux de dégagement des objets oblige à faire connaissance avec le terrain, avec le sédiment qui est fouillé très soigneusement.

technique de relevé. Ils peuvent donc lier leur action d'enregistrement à l'exploitation que le chercheur en fait (fig 7).

La matière archéologique n'est pas une matière neutre. Très concrètement, le jeune entre en contact avec le passé ; il touche le sédiment, les objets, il découvre des structures. Il est en contact avec son passé, avec sa vie ; il est mis dans une situation dans laquelle il se sent complètement impliqué et est donc infiniment plus réceptif à ce qu'on lui propose que dans le cadre de la classe où les habitudes acquises ne permettent pas une aussi grande motivation.

A Abilly, à deux pas de l'école de fouille qui a été mise en place sur des couches remaniées du site archéologique, se trouve l'Archéolab sous lequel est présenté le site du Petit-

Paulmy sur lequel des fouilles ont été réalisées entre 1981 et 1991.

Depuis la passerelle intérieure qui fait le tour du bâtiment (fig 8), le groupe d'élèves accompagné de son enseignant est pris en charge par l'archéologue pour une séance de découverte, découverte de ce qui a été laissé en place par les archéologues mais également découverte de la méthode archéologique. Cette méthode se déroule depuis la formulation du problème archéologique jusqu'à l'hypothèse interprétative qui ne pourra d'ailleurs jamais être totalement validée. Le principe des causes actuelles s'applique d'une manière générale mais dans le cas de l'archéologie, en plus des phénomènes naturels qui interviennent sur la mise en place des matériaux géologiques (ici, les sédiments), il y a l'intervention humaine qui est porteuse d'une composante culturelle susceptible de donner des réponses différentes dans des situations identiques.

C'est l'archéologue qui interroge les enfants et leur demande, après qu'ils aient observé les objets et structures sur le sol, ce qu'ils ont vu. Un échange très riche va s'instaurer entre le groupe d'élèves et l'archéologue. Par ses questions celui-ci va orienter les observations des enfants sur ce qui est le plus important ; ils vont être conduits pas à pas à formuler les observations qui constituent une description de l'essentiel des structures qu'il y avait à observer. Et puis, lorsque le groupe, toujours accompagné de son enseignant qui observe aussi le sol, qui observe ses élèves, qui écoute l'archéologue, qui écoute ses élèves, qui apprend des choses en même temps que ses élèves, a donné l'essentiel des observations qu'il y avait à faire, l'archéologue va orienter ce même groupe, pas à pas, vers la formulation d'hypothèses explicatives des différentes structures qui ont été observées.

A l'Archéolab, la fouille s'est développée sur l'occupation du Néolithique final. La totalité de la couche a été fouillée, donc détruite ; aucun témoin n'a été conservé. Les structures hypothétiques qui ont été découvertes sont aujourd'hui matérialisées soit par des objets découverts à la fouille (blocs de calage des poteaux) soit par des objets modernes (fragments de poteaux, plaques de PVC) qui permettent de mieux visualiser les structures proposées. En dehors des vestiges du Néolithique final, des éléments appartenant à d'autres périodes ont été découverts et ont été, dans toute la mesure du possible, laissés en place : des indices (bifaces) de Paléolithique ancien, des tessons de céramique de la fin de l'âge du bronze, une structure rectangulaire de 4 mètres de longueur et de 3 mètres de largeur. Les éléments de ces trois autres occupations n'ont pas été complètement fouillés et sont donc restés en place. Ils permettent à l'archéologue de bien faire saisir aux enfants ce que signifie pour un objet d'être en place ou de ne pas être en place.

Autour de la fouille, un certain nombre de plans sont présentés. L'archéologue ne s'y réfère qu'après avoir abondamment exploité ce qui est présenté au sol. En examinant ces plans, les enfants comprennent mieux que la fouille n'est pas une «chasse au trésor», que la disposition des objets est l'élément essentiel qui va permettre de retrouver des indices des modes de vie des hommes, que l'absence d'objets dans un sous-carré que l'on est en train de fouiller, est une donnée tout aussi importante que l'abondance d'objets dans un autre sous-carré : elle permet de délimiter les zones d'activités.

A la fin du processus, c'est l'archéologue qui va être sollicité par les enfants qui font des remarques, qui font des objections aux hypothèses qui sont présentées, qui posent des questions parce qu'ils se sont pris au jeu et qu'ils veulent en savoir plus. La partie est gagnée pour l'archéologue s'il a su montrer que la fouille est un travail méticuleux, que la formulation des hypothèses est une phase qui ne peut venir que longtemps après le démarrage de la fouille, s'il a su faire sentir que certains points sont sûrs, solides, que d'autres le sont un peu moins, que

certaines questions restent encore sans réponse et qu'on ne pourra espérer approcher la réponse qu'en avançant encore dans la réflexion, qu'en faisant parler encore un peu plus certains objets qui n'ont pas encore livré tous leurs secrets (telle substance observée à l'intérieur d'un tesson de poterie pourra être analysée, tel outil qui montre des marques d'usure très fortes devra être examiné de très près, etc…). La partie est encore gagnée par l'archéologue si l'enseignant s'est pris au jeu de cette découverte ; dans ce cas précis on peut penser qu'il va, au retour, dans les jours et les semaines qui vont suivre, retravailler avec ses élèves sur tout ce qui a été vu, sur ce qui a été appris ; des recherches complémentaires pourront être lancées soit dans la documentation présente dans l'établissement, au Centre de documentation et d'information soit aussi sur Internet.

Ainsi la mise en situation de fouilleur offre une authentique éducation scientifique. En fouillant, le jeune n'aura pas seulement appréhendé une méthodologie, il aura également rencontré la nature du sol, la souplesse du sédiment ou sa dureté. Cet exercice qui mêle activités sensorielle, affective et conceptuelle, éveille sa curiosité, stimule et nourrit son imaginaire et l'entraîne à vouloir comprendre.

Il recherche alors les réponses à des questions auprès d'une personne possédant la connaissance: l'archéologue. Mais là, il ne reçoit pas obligatoirement, comme dans un livre, l'explication attendue. L'archéologue ne sait pas toujours répondre: parfois il communique ses doutes, parfois encore il confirme à l'élève que son interrogation correspond à un réel questionnement et que les recherches actuelles ne permettent pas encore d'y répondre. Ce discours est bien différent de celui que l'élève rencontre dans les manuels scolaires!

Des élèves sont étonnés des réponses obtenues et ont eu cette réflexion: "Dans mon livre ils disent l'inverse; mais alors, ce n'est pas toujours vrai ce qu'il y a dans les livres. il va falloir vérifier maintenant!"

c) Et enfin, au musée

Une troisième et dernière voie pour conduire les enfants à la rencontre de l'homme préhistorique est le musée, même si cette dernière voie paraît un peu moins pertinente que les deux précédentes. En effet, c'est au musée que l'on va rencontrer les objets qui ont été faits par l'Homme de la Préhistoire. Les objets qui sont présentés sont en général, les plus remarquables, les plus spectaculaires ; ce n'est pas obligatoirement là que l'on va toucher du doigt la nature profonde de cet homme à la rencontre duquel on va, mais, si les présentations sont judicieuses, si les audiovisuels sont courts et bien pensés, on va se retrouver avec un outil qui peut permettre de saisir de nouvelles facettes de l'homme préhistorique et, surtout, c'est là que l'on pourra avoir une meilleure vue d'ensemble sur cette immensité des temps préhistoriques, sur la grande variété des cultures qui se sont succédées, recouvrant près de 2 millions d'années (si on ne considère que le genre Homo).

Alors que sur le site on s'intéressera surtout à une culture et même plus précisément au groupe d'hommes, de femmes

Figure 9. Ecole de fouille avec des élèves de 6ème. Le travail est aussi méticuleux que sur une fouille programmée. La méthode employée est la même que celle des archéologues, les objets sont relevés sur un plan et toutes les observations utiles sont notées à l'exception de la profondeur (z) des objets.

et d'enfants qui a vécu dans un environnement précis, au musée on va pouvoir parcourir des centaines de générations et avoir une petite idée des évolutions, évolution des caractéristiques physiques des individus, évolution des techniques et des outillages, évolution dans les processus psychiques des groupes humains, apparition de nouvelles manières de s'organiser avec une probable hiérarchisation à l'intérieur du groupe.

C'est encore au musée que le génie de l'Homme (les hommes et les femmes) pourra le mieux être mis en valeur grâce à la présentation de produits techniques traduisant un grand savoir-faire de la part des artisans (polissage de la pierre, production de grandes lames, production de grandes céramiques, etc...).

Le jeune tire bénéfice de ce bain: il prend peu à peu possession d'un domaine qui l'entraîne à travers le temps et l'espace et le conduit à faire connaissance avec la réalité de son appartenance à une humanité unique. La connaissance archéologique avec ses différentes facettes s'ajoute aux autres éléments précédemment intégrés au cours de sa formation. Grâce à l'Archéologie, le jeune entre en contact

avec d'autres hommes, d'autres civilisations qui ne peuvent être aujourd'hui connues que par des traces discrètes mais que l'on peut presque physiquement toucher. Il fait connaissance avec d'autres modes de vie, ce qui l'entraîne à une réflexion approfondie sur ceux-ci et sur le sien propre. Cela permet une restructuration de sa propre appréhension du monde qui implique l'évanouissement d'idées telles que le racisme, l'appartenance religieuse et implique en revanche l'émergence de valeurs autres comme le caractère unique donc irremplaçable de chaque individu, de chaque société aussi isolée soit-elle (fig 9).

2. LE PATRIMOINE ARCHÉOLOGIQUE ET LA CONSTRUCTION MENTALE CHEZ L'ENFANT

a) La construction de l'esprit scientifique. Le doute et la rigueur

Découvrir l'outil que l'homme a fabriqué et utilisé il y a 5000 ans ou plus, retrouver ses gestes pour réaliser un objet du même type n'est pas la meilleure façon d'aller à la rencontre de l'homme préhistorique. Les activités en classe du patrimoine ou en atelier culturel suscitent l'étonnement et la curiosité. Elles facilitent le passage du concret à l'abstraction. Pendant son séjour en classe du Patrimoine, l'élève vit une stimulation émotionnelle et une immersion dans l'activité culturelle et scientifique qui revitalisent le désir d'apprendre.

Tout au long des activités proposées, les animateurs archéologues et les pédagogues n'ont de cesse de mettre en éveil les élèves devant l'importance des objets archéologiques, objets en place, objets de surface ou objets dégagés (fig 10). Une importance due aussi bien à leur nature qu'à leur disposition ou qu'à leur état de conservation. Des objets, témoins de l'activité humaine qui, étudiés, analysés au cours des années futures, seront certainement en mesure de continuer à nous donner des informations grâce à de nouvelles techniques d'investigation.

En fouillant, en retrouvant les gestes des activités des hommes, en réfléchissant sur la manière d'écrire la vie des hommes préhistoriques, les élèves accompagnés par les animateurs ont rencontré l'importance des archives du sol et nous pouvons penser qu'au contact de toutes ces activités ils ont été sensibilisés au respect et à la conservation de ces archives.

Pendant la semaine passée au Grand-Pressigny, les élèves ont l'occasion d'aller, deux fois au moins, au musée avec un archéologue. Ces visites permettent implicitement d'entraîner l'élève à investir le musée comme un lieu-ressource.

Dans un premier temps, la visite s'organise autour d'une activité de découverte de lecture du musée. Dans un second temps, la présentation des objets muséographiques peut se construire à partir d'une analyse sollicitée par un questionnaire individuel. Ensuite, la visite se poursuit, le même jour ou d'autres jours, par un échange entre les élèves et l'archéologue à partir de questions et de recherches personnelles induites par les activités pratiquées

Figure 10. Ecole de fouille avec une élève de 5ème.
La technique du relevé des objets est réalisée avec le
même soin que sur un site de fouille programmée.

sur le terrain ou à partir des questionnaires de recherche personnelle.

Par l'intermédiaire des objets muséographiques, le musée représente alors un lieu où la connaissance et la culture prennent racine dans ce rapport continuel entre le passé, le présent et le futur. Apprendre à lire une vitrine d'un musée, utiliser ce musée comme source de connaissances, n'est ce pas rentrer dans le domaine de l'éducation culturelle à travers un héritage patrimonial?

Et les apprentissages scolaires, l'interdisciplinarité dans ces activités? La meilleure amorce pour l'apprentissage ou l'interdisciplinarité, ce sont l'objet et les savoirs, en eux-mêmes interdisciplinaires et jamais prétextes, jamais alibis. Pendant son séjour en classe du Patrimoine, l'élève est continuellement sollicité par l'utilisation d'un matériau scolaire: mesurer, faire des relevés, les mettre au propre, lire des documents, prendre des notes, faire des résumés, des synthèses, etc... Il va se poser des questions, émettre des hypothèses, opérer des mises en relation dans le but de pouvoir, en fin de parcours, analyser et comprendre une activité humaine. Il est entraîné vers la construction d'un raisonnement. Il vit une stimulation émotionnelle et une immersion dans l'activité culturelle et scientifique qui revitalisent le désir d'apprendre et qui nourrissent de fait les activités scolaires et culturelles.

Hors temps scolaire, pendant les activités dites de loisir, la démarche utilisée par le médiateur est sensiblement la même. Bien sûr, l'enfant est en vacances mais son esprit, lui, ne l'est pas et aucune activité (aucun travail) ne lui paraîtra rebutant pourvu que cette activité (ce travail) le concerne directement, qu'il en comprenne la signification, qu'elle le mette en relation avec une histoire dont il perçoit des bribes mais qui le sollicite dans toute sa réflexion naissante. Cette activité l'accrochera parce qu'il sent bien que c'est de son passé, de son histoire, qu'il est question.

Sur ces activités hors temps scolaire, les exigences de l'animateur, au niveau des résultats fournis par les enfants, ne seront pas exactement les mêmes que celles demandées aux élèves qui sont en classe mais, en revanche, la rigueur avec laquelle le médiateur fonctionnera vis à vis de la vérité scientifique sera toujours la même.

b) La construction de l'esprit citoyen. Avant moi, moi, à côté de moi, après moi

Si entre les quatre murs de la classe, gérer le passage de la manipulation à l'abstraction, solliciter la réflexion, mettre en mouvement le désir de prendre possession de la connaissance, ne sont pas des tâches faciles à mettre en oeuvre par l'enseignant ni à assimiler pour les élèves, il semble qu'en revanche, sur le terrain, au contact d'activités porteuses d'imagination, d'émotion, de réalités sensibles et de tâches prestigieuses, le passage du concret à l'abstraction se fasse avec plus de facilité.

Si l'activité de l'école de fouille permet d'approcher la notion de construction de la connaissance, elle engendre souvent bien d'autres émotions : Etre le premier à prendre dans ses mains un objet fabriqué, utilisé par des hommes éloignés de nous de 5000 ans ou plus, est toujours un moment unique, intense, un moment émouvant. Cet objet, présence concrète de la réalité de ses activités, met en relation étroite le fouilleur et cet homme qui l'a fabriqué et utilisé. C'est un moment privilégié qui installe chez l'élève la réalité du temps et la présence de l'activité humaine dans la durée.

Le sensible se met ainsi au service de l'éveil de la curiosité, de l'appréhension d'un concept et de l'appropriation de la connaissance. La façon la plus directe pour aller à la rencontre de l'homme préhistorique est sans nul doute celle qui consiste à essayer de se mettre à sa place afin de tenter de retrouver ses gestes.

Apprendre à reconnaître une dalle de silex fissurée par le geste grâce au son qu'elle émet lorsqu'on frappe dessus avec un percuteur.

Apprendre à reconnaître une dalle intacte, propre à la taille, grâce au son très aigu et clair qu'elle émet.

Apprendre à obtenir des éclats à partir d'un noyau et à l'aide d'un galet.

Apprendre à retoucher les tranchants de différentes manières.

Apprendre à utiliser le propulseur que l'on vient de réaliser avec les outils taillés dans le silex.

Apprendre à écraser les grains de blé sur une meule et avec une molette.

Apprendre à installer un poteau et son calage de sorte que ce calage soit assez solide pour participer à la construction d'un abri.

Apprendre à réaliser des céramiques, etc....

La liste de ces possibles apprentissages n'est pas limitée. Cette démarche permet à l'enfant, à l'adolescent de se situer devant un problème simple de réalisation en utilisant des matériaux naturels, de faire des hypothèses et d'agir sur l'idée de la réalisation. Il est en outre confronté à l'effort physique, à l'appréciation de ses forces.

Les contraintes du matériau lui posent bien des problèmes. Il est confronté à une nécessaire volonté pour aboutir et est amené à comparer sa difficulté à mettre en œuvre un projet et le savoir-faire des hommes de la Préhistoire.

Pendant ces activités l'enfant discute, interroge. L'adulte est disponible, l'aide à comprendre ses difficultés, à les surmonter, à répondre à toutes les questions. L'étonnement devant la capacité d'adaptation de l'espèce humaine aux conditions de vie, se construit à partir des difficultés rencontrées devant la réalisation d'un travail concret. Entrant de plain-pied dans les contraintes des matériaux, il est plus disponible, plus réceptif pour comprendre que la modification du matériau procède essentiellement du savoir-faire qui relève à son tour et uniquement de la pensée de l'homme.

Nous sentons également qu'à travers ces réalisations, faites en commun avec les adultes et les enfants, profitant des échanges de tous, l'élève est très proche de la manière dont ont pu se former, en relation avec les conditions de vie, les groupes humains, l'organisation sociale, les coutumes et les croyances (fig 11).

Souvent, il communique son étonnement admiratif devant le fait que nous avons hérité de toute l'intelligence de l'humanité, élaborée et conduite jusqu'à nous à travers les savoir-faire. Ces activités, ces réflexions n'entraînent-elles pas l'enfant, l'adolescent, à se situer dans la marche de l'humanité, à comprendre l'importance de l'organisation en société d'un groupe humain pour évoluer vers des conditions meilleures pour l'homme?

Pour l'enfant, il s'agit d'une première prise de conscience sentie et réelle de la notion d'humanité. Une première prise de conscience de son appartenance à l'histoire de l'humanité.

Frappante également, est cette rapidité de pensée qui entraîne l'élève, tout de suite après cette prise de conscience, vers d'autres questionnements préoccupants pour l'avenir : l'homme moderne, héritier des hommes de la Préhistoire, des hommes de l'Histoire, saura-t-il conserver les acquis pour l'Humanité future? Saura-t-il adapter ses savoir-faire technologiques, aménager le potentiel des ressources naturelles pour permettre la conservation de l'espèce?

Figure 11. L'Archéolab à Abilly. On voit de bas en haut : les panneaux de l'exposition, les structures archéologiques au sol, l'archéologue-médiateur, le groupe d'enfants, l'enseignante, la paroi du bâtiment, le paysage environnant le site.

Cette interrogation est perturbante. Elle est nourrie par une réflexion personnelle autour des responsabilités que chacun pourrait avoir. "Qu'est-ce-que je peux faire pour..." "Moi je ferai..." "Je ne veux pas que..."

Peut-on s'impliquer dans une action qui aidera la construction d'actions collectives pour garantir les conditions de vie des hommes? Pratiquer ces activités archéologiques qui font appel à la fois aux qualités conceptuelles du jeune, à sa sensibilité et à son intelligence pratique, favorise l'appréhension voire l'appropriation de cet héritage commun.

3. ET L'ARCHÉOLOGIE DANS TOUTE CETTE HISTOIRE...

L'Archéologie tire bénéfice de cette approche dont elle est l'objet: le jeune et l'enseignant (qui se trouve placé dans la même situation de découverte, à l'égal de son élève) découvrent rapidement le caractère unique de tout objet archéologique, de toute structure, de tout site (figure 3). L'objet le plus simple, le plus anodin n'est plus considéré comme un déchet mais comme une pièce d'un puzzle qui

Figure 12. Musée départemental de Préhistoire du Grand-Pressigny.
Des enfants regardent attentivement le contenu d'une vitrine.

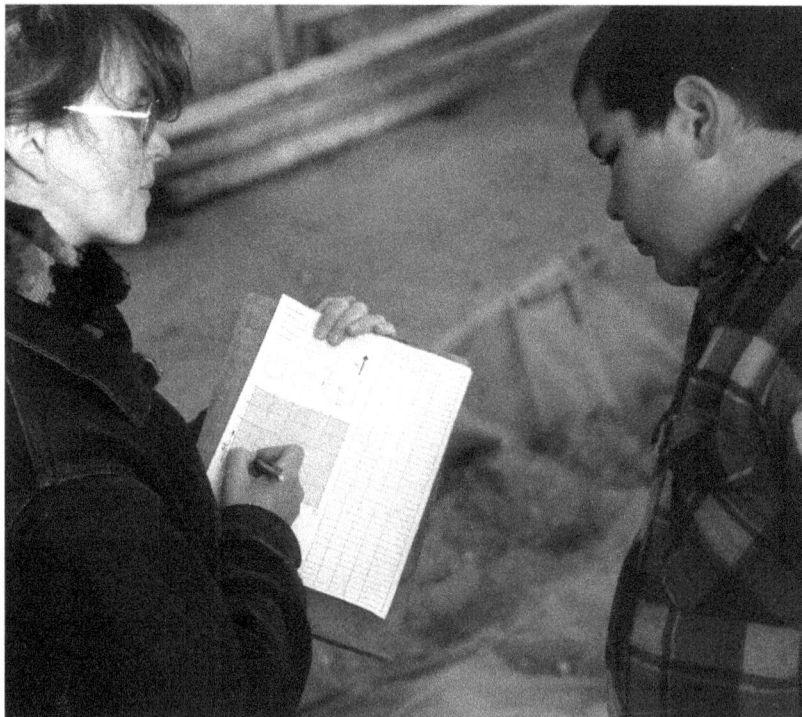

Figure 13. Ecole de fouille à Abilly. L'archéologue-médiateur assiste le jeune dans son travail
d'enregistrement des données et s'assure de la bonne compréhension du système.

va permettre de lire une page d'Histoire. Celui qui se frotte à l'Archéologie comprend, en général, très vite le sens et le but du travail de l'archéologue: reconstituer le puzzle de la vie des hommes et de l'histoire de leur environnement (fig 12).

La dimension unique de l'objet ou du site étant intégrée, chacun devient alors un "familier" de ce site, de ce calage de poteau, de ce foyer, de ce charbon; il en devient alors le protecteur rigoureux et réfléchi. Arrivé à ce stade, l'individu est prêt - mais ceci est valable, il est vrai, pour

l'adulte seulement car pour effectuer une remise en cause il faut avoir déjà engrangé une foule d'idées et d'expériences plus ou moins bonnes - à mettre en oeuvre l'idée de Descartes selon laquelle "Pour atteindre la vérité, il faut, une fois dans sa vie, se défaire de toutes les opinions que l'on a reçues et reconstruire de nouveau et dès le fondement, tous les systèmes de ses connaissances".

Un tel exercice n'est guère réalisable à partir de la vision d'un site archéologique (Laugerie-Haute aux Eyzies-de-Tayac en Dordogne ou le Petit Paulmy à Abilly) pour

Figure 14. Exemple de présentation des résultats des travaux réalisés par les élèves
à la suite d'une semaine en classe Patrimoine.

Figure 15. Centre de classes du Patrimoine du Grand-Pressigny. Séance de régulation :
l'archéologue-médiateur apporte des explications complémentaires et répond aux
questions des élèves. Les autres archéologues-médiateurs sont présents ainsi que les
enseignants de la classe.

quelqu'un qui a toujours "fait" de l'Archéologie et qui a ainsi intégré l'essentiel de ses développements dans sa manière de penser; mais pour un néophyte, pour quelqu'un qui découvre un site ou un problème archéologique (la production d'une grande feuille de laurier solutréenne, la production et la diffusion européenne des grandes lames pressigniennes du Néolithique final) cela ne peut-il pas être l'occasion du choc qui va déclencher cette reconstruction dont parle Descartes, cette "remise à zéro", qu'il lui semble indispensable de faire au moins une fois dans sa vie.

L'Archéologie ne doit pas être le domaine réservé des spécialistes. Celui-ci qui détient les clés doit s'ouvrir au public le plus large par des chantiers de fouille accueillant à l'initiation et à la visite des jeunes et des moins jeunes.

L'Archéologie doit s'ouvrir par des présentations de sites grâce à des structures permanentes lorsque cela est nécessaire et possible, pour les sites de plein air par exemple, mais le plus souvent sans structure de protection et/ou de présentation. Elle doit s'ouvrir encore grâce à des expositions permanentes (Musées) ou temporaires dans les lieux les plus divers (Musées, établissements scolaires, lieux publics, administrations, lieux privés, etc.). Le rôle du médiateur dans ce type de lieu, est évidemment essentiel. C'est lui qui détient les "clés" ; c'est lui qui, grâce à son "intelligence" du site ou du lieu, permet l'ouverture d'esprit du "passant" (fig 13).

Certains seront alors placés dans une situation qui pourra leur offrir l'occasion de "remettre en ordre" leur structure de pensée, profitant d'un déclic au moment de la visite d'un

Figure 16. Dolmen de la Pierre chaude à Paulmy. Groupe d'enfants faisant un croquis du dolmen sous la conduite d'un archéologue-médiateur.

site banal ou majeur (l'abri Pataud aux Eyzies-de-Tayac), d'une grotte possédant des traces discrètes ou spectaculaires (Niaux, Lascaux), d'un objet modeste (une hache polie) ou prestigieux (une statuette, un bloc gravé).

En contact avec le Patrimoine archéologique à travers des activités pédagogiques, des sites, des objets archéologiques, le jeune découvre en définitive le Patrimoine archéologique dans sa dimension humaine et universelle. Ce contact lui permet de connaître, d'apprendre la nécessité de le conserver, de le protéger. Ce contact, tout en constituant un atout dans la préservation de ce Patrimoine favorise l'épanouissement de l'identité du jeune, de sa responsabilité et son éveil en tant que citoyen du monde.

Bibliographie

COHEN C. (1993). Préhistoire et Archéologie en milieu scolaire. *Bulletin des Amis du Musée de Préhistoire du Grand-Pressigny.* N°44. p.13-15.

COHEN C. (1994). Préhistoire et archéologie. Le doute et la rigueur. *L'enseignant. L'Ecole libératrice.* Dossier. N°20.p. 21 à 26.

COHEN C et MARQUET J.C. et alii. (1990). *La Classe du Patrimoine du Grand-Pressigny. Fiches pédagogiques. Modalités pratiques.* Inspection académique d'Indre-et-Loire et Conseil Général d'Indre-et-Loire. 140 p.

GIORDAN A. (1999). *Apprendre !* Belin Ed. 254 pages.

GOULETQUER P. (1993). Classes de Préhistoire. *Les Nouvelles de l'Archéologie.* N°52. p. 23-27.

MARQUET J.C. (1993). L'Archéolab à Abilly (Indre-et-Loire). Un musée de site pour servir à la protection du Patrimoine préhistorique du Sud-Lochois. *Bulletin des Amis du Musée de Préhistoire du Grand-Pressigny.* N°44. p. 11-12.

MARQUET J.C., COHEN C., MILLET-RICHARD L-A. (1993). Archéolab. Abilly-sur-Claise en Touraine. Livret-guide du Musée du Site du Petit-Paulmy. *Les Cahiers de la Claise Suppl.* n°28. 80p. illustrations.

VECCHI G. de et CARMONA-MAGNALDI N. (1996). *Faire construire des savoirs.* Hachette Ed. Pédagogies pour demain. Nouvelles approches. 264 pages.

JCM. CITERES UMR 6173 Laboratoire d'Archéologie de Tours et 16 Place Richemont F37550 Saint-Avertin CC. 13 Rue Louis Lachenal F37300 Joué les Tours.

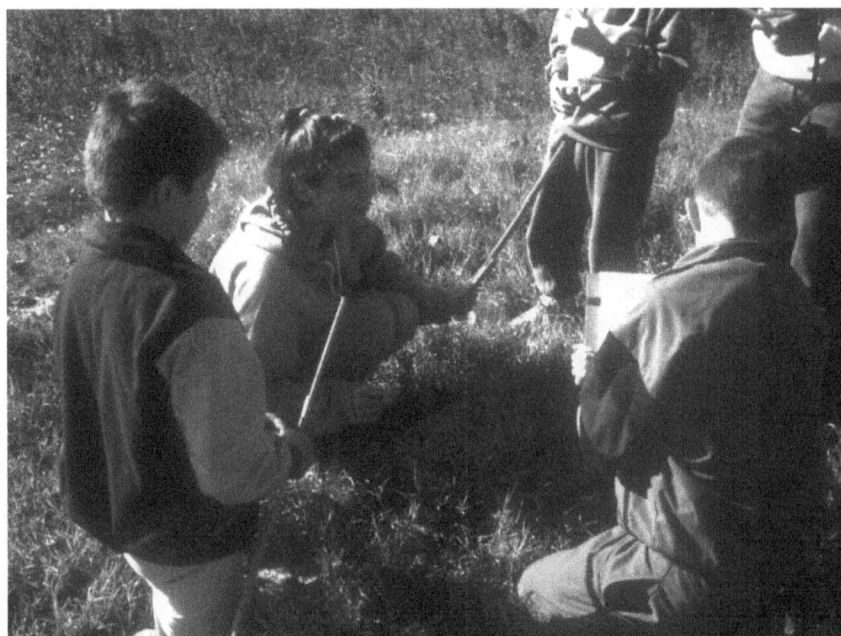

Figure 17. Dolmen de la Pierre chaude à Paulmy. Elèves se concertant pour résoudre un problème de représentation du dolmen.

Figure 18. Dolmen de la Pierre chaude à Paulmy. Elèves prenant contact avec le dolmen après en avoir effectué un croquis.

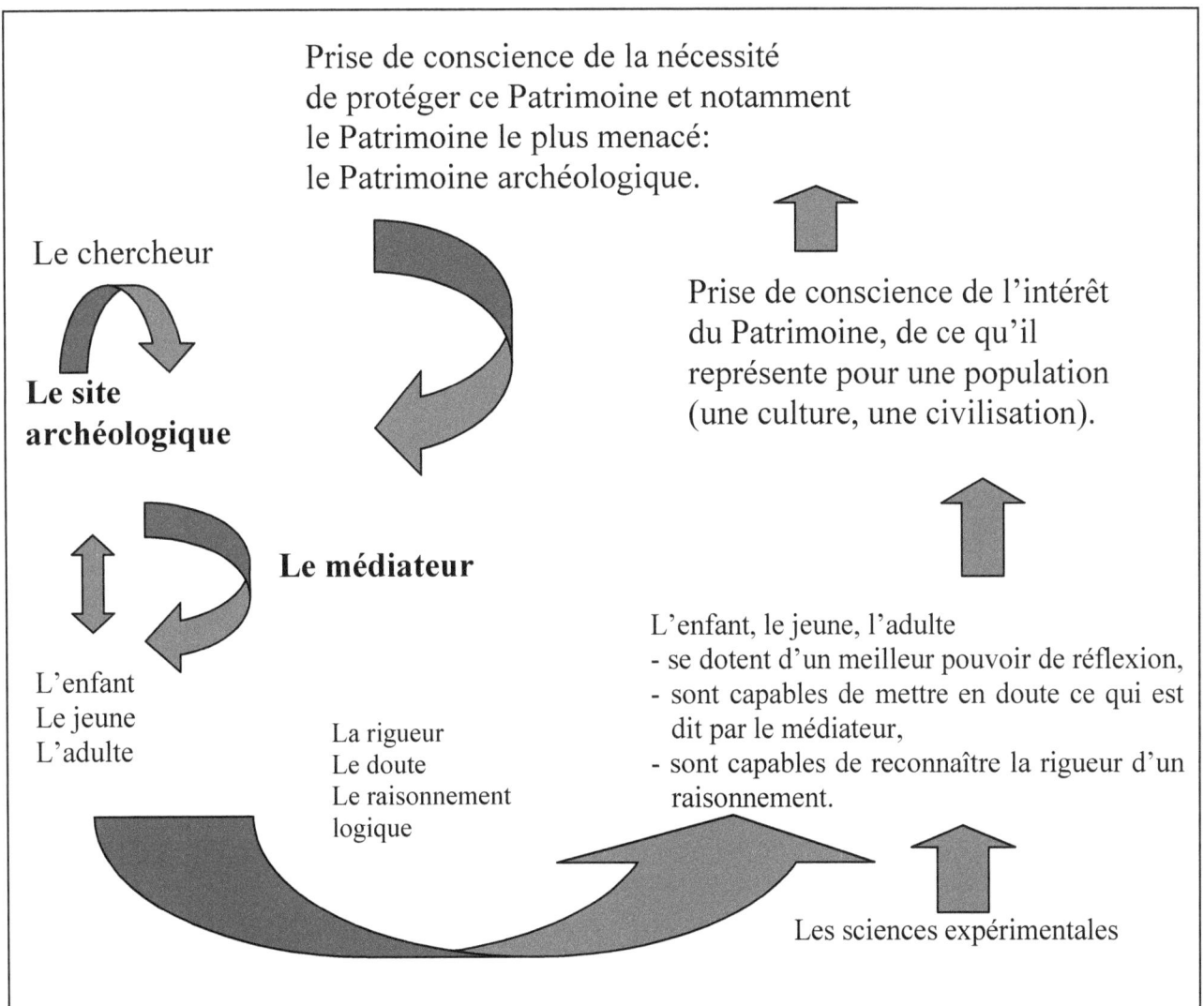

Figure 19. Organigramme présentant le rôle du médiateur et l'impact attendu sur les " apprenants ".

THE EDUCATIONAL VALUE OF ARCHAEOLOGY
LA VALEUR EDUCATIVE DE L'ARCHEOLOGIE

Don HENSON, Alison BODLEY & Mike HEYWORTH

Abstract: Education can be both formal through the school and college system, or informal through lifelong learning and clubs or societies. In both cases, there are certain values that should underlie the use of archaeology for learning. These values are not always made explicit yet they form the basis for a good learning experience at all ages.

Résumé: L'enseignement peut être formel, dispensé par le système de l'école et du collège ou informel par l'intermédiaire de l'expérience vécue, les clubs et associations. Dans les deux cas, il y a certaines valeurs qui devraient sous-tendre l'utilisation de l'archéologie dans des but pédagogiques. Elles ne sont pas toujours explicites, cependant elles forment une base pour un bon apprentissage à tout âge.

Keywords: Education, Archaeology, England, Pedagogy.

Mots-clés: Education, Archéologie, Angleterre, Pédagogie.

ARCHAEOLOGY THROUGH HISTORY

Archaeology finds its greatest use in the teaching of history. This is taught in all four countries of the United Kingdom, but each has a different syllabus. This paper will concentrate on England. School inspectors have found that history is one of the best taught subjects in schools and there is much excellent teaching being done in the subject. However, it is widely recognised that there are problems in history teaching, especially among older age groups. It surprises many in the rest of Europe that history is an optional subject at 14+ in the UK. Statistics collected by the Department for Education and Skills (DfES) have shown that 68% of pupils choose not to study the subject when they reach the age of 14 (DfES 2003). Those that do study it find they are given a diet of mostly modern history at both 14-16 and 16-18. Anecdotal evidence presented in meetings at the Qualifications and Curriculum Authority shows that pupils who drop history at 14 think it is boring, irrelevant and too hard (too academic). Many who study it at 14-18 are bored by having been fed a diet of 20th-century history every year since they were 13, having to study Hitler and Stalin over and over again. All this is in spite of history being very popular on television and visits to historic sites being a favourite leisure activity. Even below 14, history teaching often has problems in key parts of the national curriculum, e.g. schools inspectors in the Office for Standards in Education (Ofsted) constantly note how some teachers struggle when trying to teach why interpretations of the past differ (Ofsted 2004a, 2004b). If pupils at 14 have failed to see the relevance of the past, then their learning over the previous 9 years of schooling must leave a lot to be desired.

One problem lies with the nature of the national curriculum for history. There has been no logical choice of topics linked to a rationale for teaching history. What is taught leaves great gaps in pupils' knowledge and does not help them build up a feeling for the overall current of history over the last 2,000 years. The major problem though is that although the curriculum does identify the historical skills that should be taught, most teachers still think – and teach – in terms of period based topics rather than themes or skills based activities. A concentration on chronology and characteristics of periods leads too easily to a simple didactic teaching of 'what happened when'.

Since the 1970s, the Schools History Project has done a great deal to remedy these problems, by introducing a new style of history. However, the SHP is a voluntary association of teachers and only a minority of teachers have made use of its approach and teaching materials. It has had only partial success in influencing the whole of the history curriculum.

WHY STUDY THE PAST?

We can understand the problem better by looking at the history curriculum in Scotland. A discussion document produced by the Scottish Consultative Council on the Curriculum (SCCC) in 1997 clearly stated the value of history (SCCC 1997) –

> "Historical study and research help to develop an understanding of past societies and, as a result, facilitate insights into societies in the present. Secondly, they have a utilitarian value, ensuring the conservation of the past. Providing the basis for a range of leisure interests and underpinning the tourist and heritage industries which are so important to Scotland's economy."

Such a clear statement of the relevance of the past is missing from the English curriculum orders, as is the explicit linking of history with heritage. Because of this, history in England is taught as though pupils should be interested in the past simply because it is interesting, and that the only past relevant to the present is the immediate background to current affairs. Even here though, the dominance of Hitler and Stalin are of debatable relevance to the 21st century world and to children who were born over 50 years after the end of the Second World War. It is archaeology that can place a spotlight on the notion of heritage and its importance for identity, tourism and sense of place; and which can therefore help to make the past seem relevant to today. Archaeology is mentioned in the history orders, both as evidence for the past and as a source of interpretations of the past. However, it is also noteworthy that archaeological evidence tends to be used only for periods in the distant past, and with younger age groups; e.g. in teaching about the Romans, the Vikings or ancient Egypt. This is in spite of the CBA having run a successful project to identify and record 20th century military structures (anti-invasion defences) in the UK (see www.britarch.ac.uk/projects/dob), which highlights the role archaeology can play in understanding even the most recent of periods.

History can be compared with geography to see what could have been put into the history curriculum but wasn't. The geography curriculum orders state that the subject "can inspire them to think about their own place in the world, their values, and their rights and responsibilities to other people and the environment". It can be argued strongly that history (with archaeology) could do exactly the same. Through an engagement with the past (more than just acquiring knowledge of the past), we can understand our place in the world, we can explore our system of values compared to those of other times and societies, we can understand how our rights as individuals have to be balanced against our responsibilities to others, and we can learn about the fragile nature of the historic environment. A history curriculum that did these would be far from boring, would be highly relevant and would engage and enthuse pupils rather than switch them off. Archaeology, with its understanding of the physical nature of the past, its study of long time frames and big issues affecting humanity is ideally placed to help historians teach this kind of history.

THE VALUES OF HERITAGE

A good example of this kind of history teaching can be seen in the UNESCO World Heritage Education Kit (UNESCO 1999). This takes a thematic approach to the past, and seeks to use heritage to teach what are seen as universal values. Sites on the World Heritage List are explicitly stated to be sites of outstanding universal value. Exploring what these values are has been the first task in creating the education pack. Four particular values have been chosen as covering the whole spectrum of World Heritage Sites:

• Identity;

• Tourism;

• Environment;

• A culture of peace.

Identity is based around the twin questions – who am I?, who are we? This leads to an awareness that not everyone has the same heritage and that other people's heritage is as worthy as your own. To explore your identity is to develop tolerance and respect for others.

Tourism is an important benefit from heritage. Tourism itself though can be a threat to that heritage and students need to understand the role that heritage plays in their local economy, and the compromises that often need to be made to balance past and present in the modern world.

The environment is not just about what we think of as the 'natural' environment. Exploring the environment allows us to see how nature and culture are intertwined and cannot be easily separated. Cultural diversity is as important as biological diversity, and sustainable environments are ones that include people rather than exclude them.

Heritage sites undoubtedly need protection from war (e.g. through the Hague Convention, see www.unesco.org/culture/laws/hague/html_eng/fulltext.htm), but they can also symbolise the horrors of war and the benefits of peace.

Using the World Heritage Education Pack, we can see that educating students about the past is really to educate them about how to live their lives in the present. It is interesting how this comes out much more strongly in a programme of education that is explicitly to do with heritage rather than through one that is about history. It is this lack of values, and of heritage, that makes much of school history in the UK so unappealing to many.

CONSTRUCTIVE ARCHAEOLOGY

So, where in education in the UK can heritage and its values be found? Archaeology of course is the answer! Archaeology as a subject has links with the professional world of the archaeologist, and so with day-to-day heritage management in a way that history generally lacks.

Teaching using archaeological evidence has many positive educational benefits for history in schools. Archaeology is a hands-on experience. Investigating artefacts and monuments engages students with the physicality of the past in a way that cannot easily be matched by documents alone. Archaeology easily lends itself to interactive and investigative teaching, since to derive meaning from the evidence students need to learn how to ask questions of what they handle and visit. Because of this, it can provide students both with the thrill of touching the 'real' past, and the excitement of the detective work of the archaeologist. Students also have the chance to come up with their own conclusions about what they see, and so archaeology can empower students as well as enthuse and motivate them – as noted in the reports of schools inspectors in England (Ofsted 2004a, 2004b). Archaeology fits in perfectly with the prevailing constructivist ethos of educational theorists.

Constructivism is a theory of education in which students are encouraged and guided towards making their own meanings from their exploration of evidence. They 'construct' their knowledge and understanding of what they are taught through a process of dialogue between teacher and student, and between student and evidence of their subject. A key part of constructivism is trying to understand how the student learns so that the teacher's educational input can be received and engaged with. The constructivist theories of Howard Gardner have gained some support in the UK, especially in trying to understand students' different learning styles (Gardner 1983, 1999). He has identified different ways in which children learn. Two of Gardner's intelligences are logic-mathematical and linguistic. These are traditionally accepted as more academic and students with these will be perceived as 'intelligent'. However, some students can be just as 'intelligent' but respond more to learning through physical manipulation of evidence (Gardner's bodily-kinaesthetic intelligence). Archaeology engages not just the mind in logical enquiry or linguistic description, it can also engage the enthusiasm of students who learn kinaesthetically, through handling and manipulation of objects and through the fitting together of physical relationships. Others among Gardner's intelligences are equally as capable of being stimulated through archaeology.

ARCHAEOLOGY OUTSIDE SCHOOL

Within the world of archaeology, the CBA is lucky to run the Young Archaeologists' Club (www.britarch.ac.uk/yac). Whilst archaeology within UK schools is restricted to the bounds of the National Curriculum, organisations such as the Young Archaeologists' Club, can take these theories and approaches and use them in an informal setting. The Club can also look at subject areas outside the prescribed remit of Romans and Victorians. It is the only UK wide archaeological club for young people aged 8-16. The Club started as Young Rescue in 1972 and has been run by the CBA since 1993.

YAC aims to encourage young people to investigate and care for their heritage, stimulate a lifelong awareness and interest in archaeology and the historic environment amongst young people and to provide a wide variety of enjoyable informal learning experiences. Most importantly it inspires young people about the past whilst having fun.

There are many aspects to membership. A magazine is sent out quarterly. This aspect is currently under re-development, the first colour edition went out in June 2004 and research is underway to establish the best content, design, page length and number of editions a year. Membership cards allow YAC members free or reduced entrance fee to museums and sites across the UK through the Discounted Site Scheme, soon to be re-branded as the "YAC Pass". This includes organisations such as English Heritage, Historic Scotland and the Northern Ireland Environment and Heritage Service.

Members aged 9-16 can apply to go on archaeological activity holidays. In 2004 the holidays were in Cornwall, Norfolk and the Peak District. Run by trained volunteers they enable children to have a concentrated hands-on experience of archaeology with expert tuition. Activities range from site visits through to excavation and experimental archaeology. Last year a group working on Bodmin Moor in Cornwall found a new archaeological feature, which had not previously been recorded.

The Club also runs the Young Archaeologist of the Year Award. This annual award forms part of the British Archaeological Awards and is open to non-club members. In 2003 young people were asked to write a Viking Saga and the winners spent the weekend in Viking York accompanied by T.V. personality, Julian Richards. Last year they designed prehistoric monument. Winners went on an expenses paid trip to Belfast and received their certificate as part of the British Archaeological Awards ceremony. Time Team archaeologist, Phil Harding accompanied the winners throughout the weekend.

Across the UK there is a network of 70 branches or archaeological youth clubs. These are run by volunteers from a whole range of backgrounds including museum and archaeological professionals, teachers, amateurs and parents. This gives YAC a strong and diverse skill bases. They are based in museums, archaeological units and societies, schools and village halls. Branch sizes vary with as few as 5 members with the largest, Southampton having about 200 children on their books. The average meeting for most branches is about 20. Branches do a range of activities from looking behind the scenes at museums, craft based projects, experimental archaeology through to excavation and interpretation. There is also an emphasis on aiming for the best and experiencing the real thing. Projects can be very ambitious if carefully planned. Whatever takes place, it must be fun for all those involved, including the volunteers.

These are a few examples that will give you an idea of the sort of things branches do:

The North Downs Branch did a project surveying their local parish. Part of this included field walking during which the branch members discovered a previously unknown site. Because of this discovery, the design of a country park was altered in order to preserve the site.

The Southampton Branch studied a local church. They then took their findings and with the support of the museum exhibitions officer created a museum standard exhibition. It was launched with a preview party which was planned by the children themselves.

The Oxfordshire Branch are regular visitors at the Ashmolean Museum. During a pottery handling session, the Curator realised that the branch members had a good knowledge of pottery types. She invited them back to help the museum sort out some pottery in the collection. Subsequently they have returned to wash finds for the museum.

So what type of children join YAC? Postal analysis of postcodes have shown that members come from all backgrounds, even the most deprived. Volunteers tell us that their branches are targeted by children with special needs. This is borne out by the fact that these children are winning UK competitions. One boy won a fancy dress competition at YAC's 30th Birthday held at the British

Museum. It was a simple affair, but following the event his mother wrote explaining that he was autistic and had never won anything before; it meant a huge amount to him. Children with dyslexia and attention deficit syndrome have also been winning YAYA. Part of this success must be because YAC gives children an informal way to experience archaeology. It is mostly hands on and not like school; you don't have to write and there are no tests or exams. For some children this lack of formality is a key part of their preferred learning style and we are able to reach those that school sometimes looses. Basically everyone can get involved and as YAC grows it will be interesting to see how this may develop and how we can best support this type of member.

YAC is also encouraging children from minority ethnic backgrounds to get involved. The Central London Branch based in Hackney has been particularly successful at this and YAC is currently working with the Black Environment Network to take this further.

Every year ex-YAC members go on to university to study archaeology at degree level and re-enter archaeology as professional archaeologists. One ex-member has been taking a year out, working in the CBA office, and helping with the York YAC Branch. In a few weeks she will be going to Cambridge to study archaeology and anthropology. Although we celebrate these successes, YAC is equally committed to young people who are developing a life long interest in, but won't be studying archaeology at degree level. To give these children, the future adult community, an understanding of the historic environment will enable the future general public to support proper management of archaeology. YAC is an important aspect of this indeed vital for some children, but it goes hand in hand with developments within formal education at all levels.

NEW DEVELOPMENTS

Education in England is not static, every year seems to bring some change to all or parts of the education system. The latest to affect history is the creation of a new-style history at GCSE – the qualification taken by 14-16 year-olds. The CBA was heavily involved in the development of this. It is called the 'hybrid' history GCSE at present, because it seeks to bridge the gap between academic and vocational studies in history. The core programme of study will have three elements. The local element will focus on the importance of heritage to local communities and will involve a large amount of heritage management. The national element will be an examination of the medieval period through a variety of sources, including archaeological. The international element will be a historical deconstruction of how current world issues are presented by both the media and protagonists. Option units will include an investigation of World Heritage Sites, the presentation of heritage to the public at visitor centres and a study of the change from Roman Britain to Anglo-Saxon England in the 5th and 6th centuries. The importance, and relevance, of this latter option is highlighted by the fact that the British National Party with its policy of opposing immigration has explicitly stated its belief in a simplistic continuity of English race and culture since the Anglo-Saxons. Studying this period will help future voters to spot inaccurate and inappropriate use of history in the future.

Other developments in the UK include the publishing of a report into the role of historic sites in education, called *Opening doors* (Waterfield 2004). This has only recently been published and we await with interest the reaction of the government to this. We would hope that it leads to greater support for learning outside the classroom and for the funding of educational work by heritage organisations.

We have noted with keen interest the publication of a report by Sir Mike Tomlinson into reform of education at 14-19 (Tomlinson 2004). This called for the abolition of the existing GCSE and A level qualifications, to be replaced by a diploma. If accepted, it is likely that this will be phased in over a 10-year period, and will lead to a radical revision of curriculum content at 14+.

It is unfortunate that just at this time, the only exam board to offer archaeology at 14-19, the AQA, has seen fit to drop its GCSE Archaeology qualification. It took this decision for purely economic reasons, in secrecy and without consultation with the subject community (nor indeed did it consult its own History and Archaeology Subject Committee). The opportunity for students to study archaeology at 14-16 will be withdrawn and education will be the poorer for this. There will no longer be any subject that allows students to study the whole prehistory of their country, and gain an understanding of long term issues like the cultural impact of migration of peoples, or the human responses to global climatic change. Needless to say, the CBA has been fighting this decision very hard, with a lot of support from universities, tutors, politician, media figures like Tony Robinson, and our friends in the Historical Association. It remains to be seen whether we can get this decision reversed.

Meanwhile, the CBA is seeking to prepare for the Tomlinson diploma by developing ideas for curriculum content that will enthuse students and provide them with courses of study that they can see are relevant to them, as well as academically meaningful. We provided a great deal of input into the 'hybrid' history GCSE. We are talking with the Centre for Environmental Education about how an environmental studies module for the diploma could integrate archaeology and geography. We are also trying to tackle what may seem an incredible problem – that archaeology graduates will be refused admission onto teacher training courses by a large number of colleges and universities. All the good work in getting archaeology into education at 5-19, will not be sustained and built upon if we do not have a body of teachers with the confidence and expertise to use that archaeology.

Archaeology has great potential in education. As yet that potential has only just begun to be explored. The CBA is working hard to develop this potential, to support the efforts of an increasing number of archaeologists who wish to engage with the education system and to influence the nature of that system so that archaeology can find its true place in motivating, enthusing and influencing future generations of people.

References

DfES 2003 *Secondary schools curriculum and staffing survey*, http://www.dfes.gov.uk/rsgateway/DB/SFR/s000413/index.shtml

GARDNER, H 1983 *Frames of mind: the theory of multiple intelligences*, New York: Basic Books

GARDNER, H 1999 *Intelligence reframed. Multiple intelligences for the 21st century*, New York: Basic Books

Ofsted 2004a *Ofsted subject reports 2002/03. History in primary schools*, http//www.ofsted.gov.uk/publications/index.cfm?fuseaction=pubs.summary&id=3524

Ofsted 2004b *Ofsted subject reports 2002/03. History in secondary schools*, http//www.ofsted.gov.uk/publications/index.cfm?fuseaction=pubs.summary&id=3539

SCCC 1997 *Scottish history in the curriculum*, Edinburgh: Scottish Consultative Council on the Curriculum

TOMLINSON, M 2004 *14-19 curriculum and qualifications reform. The final report of the working group on 14-19 reform*, http://www.14-19reform.gov.uk/

UNESCO 1999 *World heritage in young hands*, http://whc.unesco.org/education/whekit.htm

WATERFIELD, G (ed) 2004 *Opening Doors: learning in the historic environment*, Attingham Trust

Address

Don HENSON, Alison BODLEY & Mike HEYWORTH

Council for British Archaeology, St Mary's House, 66 Bootham, York YO30 7BZ, UK

Email address for communication relating to this paper: education@britarch.ac.uk

Note: This article was written in late 2004 and all the references to 'late year' refer to year 2003.

STUDENTS AS SEARCHERS, CREATORS, AND CRITICS OF KNOWLEDGE ON THE DEVELOPMENT OF METHODS THAT AIM TO INTEGRATE STUDENTS IN THEIR EDUCATION

SUR LE DEVELOPPEMENT DE METHODES QUI VISENT A INTEGRER LES ETUDIANTS DANS LEURS PROCESSUS EDUCATIFS

Tove HJØRUNGDAL, Per CORNELL, Åsa GILLBERG, Anders GUSTAFSSON,
Håkan KARLSSON, Roger NYQVIST and Ulf BILLE
Gothenburg University, Sweden

Abstract: The issue of this paper is the development of new pedagogical methods in courses on field archaeology and cultural resource management. We wish to include our field-related undergraduate courses into a more academic and critical way of thinking, and not confining the concept of the courses into "how to dig". Further, an aim is that students learn how to make critical evaluations of how the professional field of cultural resource management is organised, and of its place and roles in society. As would be mirrored in the title of the project, From Receiving to Performing: Learning Field Archaeology, focus is on students' learning as a process and active involvement in the planning and execution of their education in field related archaeology and cultural resource management. Methods that aim to develop students into searchers, creators and critics of knowledge, are discussed with examples e.g. in students' journals and methods of peer teaching.

Pedagogical methods and strategies developed through this 3 year's educational development project, will not be specific to field related archaeology courses, but are expected to have the capacity of being transmitted to other and more theoretical courses as well as to other disciplines.

Resumé : L'objet de cet article est l'élaboration de nouvelles méthodes pédagogiques dans les cours sur l'archéologie de terrain et la gestion des ressources culturelles. Nous souhaitons insérer nos cours concernant le terrain pour les étudiants préparant une licence, dans une démarche de réflexion plus universitaire et critique, et non pas limiter le concept des cours à "comment fouiller". De plus, un objectif est que les étudiants apprennent à faire des évaluations critiques de la manière dont le champ professionnel de la gestion des ressources culturelles est organisé, ainsi que de sa place et de ses rôles dans la société. Comme cela est indiqué dans le titre du projet, "De l'assimilation à l'exécution : L'étude de l'archéologie de terrain", la focalisation est faite sur les étudiants qui apprennent selon une participation et un processus actifs dans la planification et l'exécution de leur apprentissage en archéologie de terrain et la gestion des ressources culturelles. Des méthodes qui visent à transformer des étudiants en chercheurs, créateurs et critiques de la connaissance, sont discutées avec des cas pris par exemple dans les journaux d'étudiants et les systèmes d'enseignement au pair.

Les méthodes pédagogiques et les stratégies développées dans la présentation de ce projet éducatif de 3 ans, ne seront pas spécifiques aux cours d'archéologie, mais il est souhaité qu'elles soient appliquées à d'autres cours plus théoriques aussi bien qu'à d'autres disciplines.

Key words: pedagogical project; tertiary education; student-centred methods, critical ways of thinking

Mots-clés : projet pédagogique; education tertière; méthodes centrées a l'étudiant; manière critique de la pensée

INTRODUCTION

While archaeology and the education of children is a well established and prominent issue, pedagogy for grown up students in tertiary education, does not yet make up any discernible discourse in archaeology. Any active renewal and developmental work carried out by many of our teaching colleagues at the universities, and university colleges, therefore generally remains invisible. We are not used to publish works on pedagogy and working methods in professional teaching and learning of archaeology, although debates on the issue have been sought for (Lövkvist & Hjørungdal 2000); and journals within the discipline do not always have an established practice of printing works in this vein. There are anyway some single important exceptions to this (World Archaeology Vol. 36(2), 2004; special issue on education), and we will return to this later. A few additional works

are found, i.a. an anthology (Rainbird & Hamilakis eds. 2001). Within gender critical and feminist archaeology, some contributions are however found (Conkey & Tringham 1996; cf. Lövkvist & Hjørungdal 2000 with references; and 2005 with references), but will not be discussed in the present paper.

In the following we would like to present an educational project run at our department, Gothenburg University. The project is financed by The Swedish Council for the Renewal of Higher Education throughout the years of 2003-2005. In the light of our own work, we shall also touch on some important points in the discourse on university pedagogy in general. The main issue of the paper is however the development of alternative, and student-centred, methods of learning professional archaeology, and critical evaluation of the sketches to our new methods so far.

THE PROJECT, ITS BACKGROUND AND CONTEXT

First we would like to make a confinement, saying a few words on what the project is, and what it is not. Thus, it is not a project for the education of children, but for grown up people who are to be introduced to professional archaeology. Consequently it concerns professional education for our new students in archaeology. It is a *developmental project*, which means that we work with the development of a pedagogical idea, that is the testing, and evaluation, of, to us, new pedagogical methods in courses on field archaeology and cultural resource management. It is also important to stress that this is not on the development of a field school, but of strategies to integrate students for a more active role in their education.

Our general aim is to change the learning environment by helping students out of their traditional passive role in university studies, and to help them find an active role, and also to find a voice in an academic context, and within archaeology. We are also expected to develop methods that have the potential of being transmitted to all kinds of academic courses, and to other learning environments, too.

We are a small working group meeting on a regular basis. We have separate teachers' meetings, and integrated teacher-student meetings as well. We are very careful about recording our meetings and discussions in written form, as the discussions run during these meetings, are supposed to build a great part of our future working material.

Our project grew out of criticism against traditional field course concepts that had not been possible to change to any degree. A big problem used to be that students during the old fashioned field courses, frequently suffered from cognitive over-load. The situation of finding themselves in the field was a surprise, and was not least a very new experience. During the short field courses, students would have to try to learn the handicraft of digging very quickly, and there usually was no time for reflection on what they were doing, and why.

We needed to change this situation, and more precisely, our criticism of present field education is put forward because,

• field courses only focused on the actual digging

• the scientific goals are not made clear to the students

• the CRM dimension of field work is largely neglected

• the role of the student has been the passive receiver

According to the Council's policy, recording is to be focused on our *working process*, on what happens throughout the project work. Which methods do we test, why did some of them not work?

We will further present the project's aims and ideas, and how we work in order to reach our aims. But first a few words are needed about how archaeologists' education is organised in Sweden, and about the changes prospected in the near future, due to the Bologna process (cf. Bologna process; homepage).

THE EDUCATION OF PROFESSIONAL ARCHAEOLOGISTS IN SWEDEN, PRESENT AND FUTURE

The undergraduate education consists of four separate courses, each consisting of one semester and the students can take as many semesters as they like. Some just take the introductory first semester, or A-level course, to get the basics, and some go all the way to the fourth semester or D-course. But to become an Archaeologist one will need to have completed courses up to D-level and complete this with two semesters of studies in for example Anthropology, Geology or Art-history etc. to get what would correspond to a Bachelor's degree. Field work is carried out during all semesters except for the course at C-level. But these include only a few weeks all in all and therefore the students are not given the opportunity to take part in the planning and organisation of the field work, maybe with the exception of the fourth semester where we get to dig a little deeper in to the administrating side of field related activities. Whereas at lower levels there is more or less just a matter of digging and categorising finds and writing a small technical report.

What will happen in a near future is that we will adapt our educational system to fit the standards of the Bologna Process. The result of this will be that we'll see a few changes and these will look as follows.

Presently the education consists of four years of studies to reach a level that corresponds to something in between a Bachelor's degree and a Master's exam. This can be followed by four years of studies to reach a PhD. With the new system, there will be three basic years, which is what it takes to become a graduate. These studies will need to be completed with two more years to get a Masters Exam. The PhD-exam will in this case be finished in three years. This may, or may not, affect the quality of the Doctoral dissertations.

The overall time of studies, however, will in both cases be eight years.

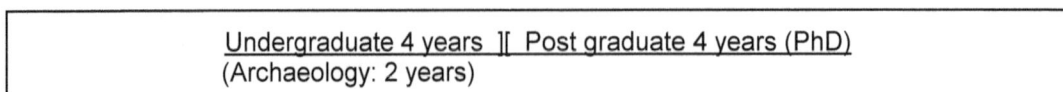

> Undergraduate 4 years][Post graduate 4 years (PhD)
> (Archaeology: 2 years)

Fig. 1 Present organisation of university education needed in order to grow a professional archaeologist
L'organisation actuelle d'éducation archéologique professionnelle en Suède

Undergraduate 3 years][Master 2 years][Doctoral studies 3 years
(Archaeology 1,5 years)

Fig. 2 Prospected changes in the educational organisation according to the BOLOGNA PROCESS
Changements après le programme de Bologne

AIMS AND IDEAS OF THE PROJECT

The idea to create a project like this, and to apply for money in order to put it into work, was born by the teachers ourselves in the department. As the title of the project tries to say, *From Receiving to Performing: Learning Field Archaeology*, focus is on students' learning as a process and active involvement in the planning and execution of their education in field related archaeology and cultural resource management.

Why this? Why do we think that it is better for students to learn a more active role?

We think there will be better and more responsible professionals if a critical and reflexive attitude is trained from the beginning.

We think it is a favour that students get a look into the whole process of field work from the beginning, and not only learn about how to dig.

How does one learn Archaeology and how to start the process of becoming a professional archaeologist?

We aim at combining different pedagogical methods, but focus is all the time on students' active role in their education and learning process.

Instead of receiving packages of ready-made knowledge from their teachers, students themselves have to become searchers, creators and critics of knowledge, as discussed by Paolo Freire, Brazilian liberation pedagogist (Freire 1970). We do as well want to leave what Jane Tompkins, American professor of literature, speaks about in terms of teachers doing peek performances, all the time needing to show and prove how learned and clever we are (Tompkins 1991).

But to make sure that all this will not be put wrong; Of course we, as experienced professional archaeologists know a great deal about archaeology, and new students do not, yet. As scholars with a teaching assignment, we have a lot of knowledge that makes us able to lead and coach students into the worlds of professional archaeology and scholarship. Therefore, the vital question to us is instead, how do we help students to be good learners? Our answer is, that all of the teachers in our teaching team, work actively with the change of roles, from the role of the conveyor of knowledge, into a role of coaching students' development with the aim to grow into active, and critical learners. These are the essential objectives of our project.

As a consequence; how do we work to obtain our goals? How do we help students to be good and critical learners and professionals? The general idea about this is that students and teachers develop working methods together, and evaluate them together. More precisely, they are methods of critical and reflective learning, by coaching and by giving feedback instead of information from teacher to student all the time. Thus we hope that students will learn how to dare to make their own decisions and to form their own attitudes to how work should be performed within the various archaeological practices.

METHODS IN DEVELOPMENT

How do we stimulate this process in students and in teachers?

First, we would like to say a few words relating to our general approach to this, and then we will go on to a more detailed presentation of some of the methods we try.

By and large, we work more with organised *groups* of students and groups of teachers, teams, as an alternative to individual performances. So far we are already well into the development of methods that stimulate students' learning by doing.

In this process, the individual team of students will be assigned to a specific job, and the role of the teacher will be that of a sort of consultant, but also, necessarily, controlling the work of the team, helping to solve critical problems within the group. This method will not be the only pedagogical method, but it will be frequently applied, all from the first year of studies. Thus, using this method first in the library will prepare the student for using this method working in the field. The teacher will be an important resource, and this means that a fluent and frequent contact between student team and teacher is necessary. In the last semester, the student team will make a small field project, including making contact to heritage management authorities, relevant companies, and the public, as well as making a research plan, making survey and some test-pitting, and elaborating a final report. There is a stress on the integrated character in fieldwork, in which the pre-fieldwork and post-fieldwork is given more time resources than the actual fieldwork.

We have also elaborated other methods, which will help to improve the quality of education. This involves *peer teaching* integrating students at different levels, which have turned out to have a great potential. Peer teaching has been tried on different levels, and on various courses. One example is given by students on the D-level, who have informed and students on the B-level's field course, on their experiences from the same course. One example from a theoretical course is that elderly students have given to younger students, their experiences from courses on writing scientific papers. It should be noted that a better conception for this area of methods, would be *peer tutoring*, as we find it in Nancy Falchikov's book on the issue (Falchikov 2001).

Further, we intend at trying to make the learning process visible by different means, pointing at different aspects of the process. As an example, we will *film the activities in a particular field context,* for example the work in a particular trench. The camera will not move, and after a while its presence will not be too important. After fieldwork, selected parts of filmed material will be studied and discussed in class. Inspired by Charles Goodwin (see below), we believe we can, by this means, demonstrate how non-verbal aspects of learning operate. The use of pointing or of making a mistake (destroying the posthole…), are good examples. Other aspects of such a process, such as hierarchies operating among students or between students and teachers, may also be addressed.

Another method will be the making of *reflexive and critical field diaries,* in which reflections and ideas surging in the fieldwork will be documented. The mistakes, the many thoughts which resulted erroneous, problems in the team, will be documented and worked on later in class. In the field diary work, students work in teams and write down a survey of what happened, and what they did during a working day, and how they worked. The diary notes are collected and given to the teachers and to the project group in order to be further used in the development of well working strategies for the learning of field archaeology.

On the teachers' side the challenge is to learn more about how to work in teams. As our work comes to focus on *giving feedback* to the students on their processes of team work and the results of them, we have to develop better methods for team work, in all aspects.

In the following we will confine ourselves to a presentation and discussion of some of the student-centred working methods more comprehensively. Focus is this time on students' journals, and we only slightly touch other methods considered.

- ▶ Cooperative learning – groups working with a problem or an issue
- ▶ Peer assisted teaching and learning
- ▶ Field diaries
- ▶ Analysis of filmed material, e.g. Goodwin's documentation of archaeologists' communication in the field

---

Fig. 3 Methods tried, evaluated and developed through the active work of students
Methodes probées, evaluées et developées par de labor actif des l'étudiantes

---

- ▶ working in teaching teams
- ▶ focusing on feedback to the students
- ▶ more pedagogical education - on team work and group dynamics; e.g. have to learn how to deal with conflicts in students' working groups

---

Fig. 4 Some challenges for the teachers. To meet the challenges, we need more education,
e.g. on team work in its many aspects
Changements encore pour les professeurs

STUDENTS' JOURNALS

One of the methods in development by us, and to which we devote most time and effort, is thus the use of students' journals. This method was in fact taken into use a couple of years before we got the developmental project. Already tested forms of journals, posed other questions, and will not be presented here. Results from ongoing tests, will be presented in a later phase of the project. The project does however imply that we have got the potential of a more extensive testing and evaluation of working with journals. This implies among other things more time to search for and to read, published works on the use of this area of methods. Thus, we found out that there are different ways

of working with students' journals. They provide an insight that gives us an excellent background to our own methodological development, and evaluation.

One approach to the use of journals is presented by colleague Yannis Hamilakis, University of Southampton, UK (Hamilakis 2004). He is one of the rather few among our colleagues who has thoroughly published his documentation of his development- and evaluation work in teaching archaeology. The paper has a definite background. Hamilakis's article on pedagogy in professional archaeology, concerns an all-embracing field of cultural politics, and the author therefore analyses critically the current instrumentalist framework within which the teaching of archaeology takes place. A way of challenging the instrumentalist pedagogy is, says Hamilakis, by devising pedagogical processes that create a space for critical reflexion. Yannis Hamilakis's outstanding contribution to a critical discussion of the general context, and of the politics of teaching archaeology, would indeed have deserved a comprehensive response in the positive. However, this time we have chosen to confine ourselves, and only connect to his discussion of working methods that promote critical reflexion in the education of professional archaeologists. An explicit method of promoting critical reflexivity is in the author's opinion, the use of student-centred journals, and the teacher in question presents his and his students' experiences of these.

Hamilakis has for some years been teaching a course on "The Anthropology and Archaeology of Eating and Drinking", and the alternative pedagogical method mainly used, is the *student-centred journal* (Hamilakis 2004: 297ff in particular). In sum, this journal is a pedagogical tool that i.a. helps students in this course in several aspects; to develop a critical reflexivity to the knowledge of food and drink and their contexts, and to the discussions held in the classroom as well as to what they read. Still more important, the journal helps the students into a critical, self-reflexive journey that i.a. encompasses food consumption in their own lives, and explores the dynamics between the personal and the collective, and as such builds a link between the personal and the academic. Students also learn more on how to learn, besides that the process of self-reflexivity also has the potential of transforming the classroom into a research field, hence breaking down the instrumentalist division between teaching and research. Using students' journals in education appear thus, to have the potential of ground breaking effects in many aspects. So therefore, lastly, to the evaluation and its results; did journals always work, and did they work for all students? Of course not, says Hamilakis (op.cit.: 301). In sum, talking in terms of engagement with the basic principles of experiential, critical reflexivity, mature students performed better than young school-leavers, and female students better than male ones. But, some of the students felt that they did not learn by the use of journals, and some of them simply resisted to the idea of the journals (Hamilakis loc.cit.).

Yannis Hamilakis's case study is of immense value to the knowledge we would like to develop on the use of student-centred journals. But in order to get further perspective on the archaeologist's work, we also consulted a case study from another discipline. We sketch hence an example from Geographer Chris Park as he presents an only slightly different approach to the use of students' journals (Park 2003). Park's way of using journals, also integrates the teaching staff's experiences with them more explicitly, and is therefore of supplementary value to a discourse on the use of journals in education. The paper also reviews much useful literature on journal writing in different contexts. A brief look at Park's geography course, says that it was named "Approaches to Environmental Management". Besides lectures, and assessment, the students were expected to keep a journal of their learning experiences. Some guidelines were given for the journal, but deliberate

freedom was given, none the less (Park op.cit.: 186 ff). As to the results of the use of the journal, Park presents an extensive list of positive as well as of negative aspects of its use (Park op. cit.: 192 ff). General conclusions drawn by Chris Park are nevertheless, that journals help students to engage in the learning process, and that students get more self-conscious of what they learn and how they learn. He draws also conclusions from the stance of the teacher, and says that journals gave invaluable feedback on how students coped with different parts of the course. The downside was however all the extra work load with the reading, marking, and giving feedback on the students' journals. In conclusion, he decided to go on with the practicing of journals (Park op.cit.: 196).

So do we; and therefore we would like to present some of the questions with which we have started the developmental process of our field courses. The questions posed for a students' journal, will as we would realize, commonly be guided by the type of course addressed, but it looks like a positive aspect to give students some amount of freedom in what to record, and how. We have so far chosen to pose a range of questions to guide students' work with journals, starting the whole process in our field courses (Fig. 5).

ANALYSING FILMED SEQUENCES - WHAT DO THE ARCHAEOLOGISTS DO IN THE FIELD; AND WHY?

In our search for good student-centred working methods in the field, we also find it important to look for inspiration in different other ways of working, and this is done by a look into other disciplines. Thus, in the spring of 2004, we had the opportunity to invite Professor of linguistics at UCLA, Charles Goodwin to our department. Professor Goodwin works i.a. with different ways of communication. He is of interest to our work because we find among Goodwin's projects, one on documenting archaeologists' cooperation and communication during field work. This is done with the medium of film (cf. Goodwin 2003; cf. also Goodwin's homepage).

The main issue to us is, How do archaeologists cooperate and communicate in the field?

The field of methods needed here, have to be more elaborated on by us, but a brief comment shall be given in order to show what we are up to.

Further questions to be asked in order to help the students into the process of generating knowledge in the field, are How is knowledge created through observation and cooperation in the field; and how is this type of knowledge critically evaluated, and documented?

Our intention is that students learn more about field work as a critical process, that implies a range of, often difficult, decisions, and usually decisions are made in collaboration with your colleagues. Another point to this, and as an important one, is the non verbal aspect of communication. What kind of attitude do you show to your colleagues? Do you include or exclude him or her in the process of

> ▶ Do you learn in different ways in lecture theatres and in the field?
> ▶ What is the difference?
> ▶ How do theory and praxis complement each other on this course?
> ▶ To what extent is there a hidden curriculum. How is this information transmitted?
> ▶ How do archaeologists communicate/speak to each other?
> ▶ Is there a dress code? Is this linked to identity and/or hierarchy?

Fig. 5 Students' reflexion and documentation are guided by teachers' questions. Examples used as a point of departure for the development of students' journals in field courses by our project group. Questions posées aux étudiants pour leurs journaux

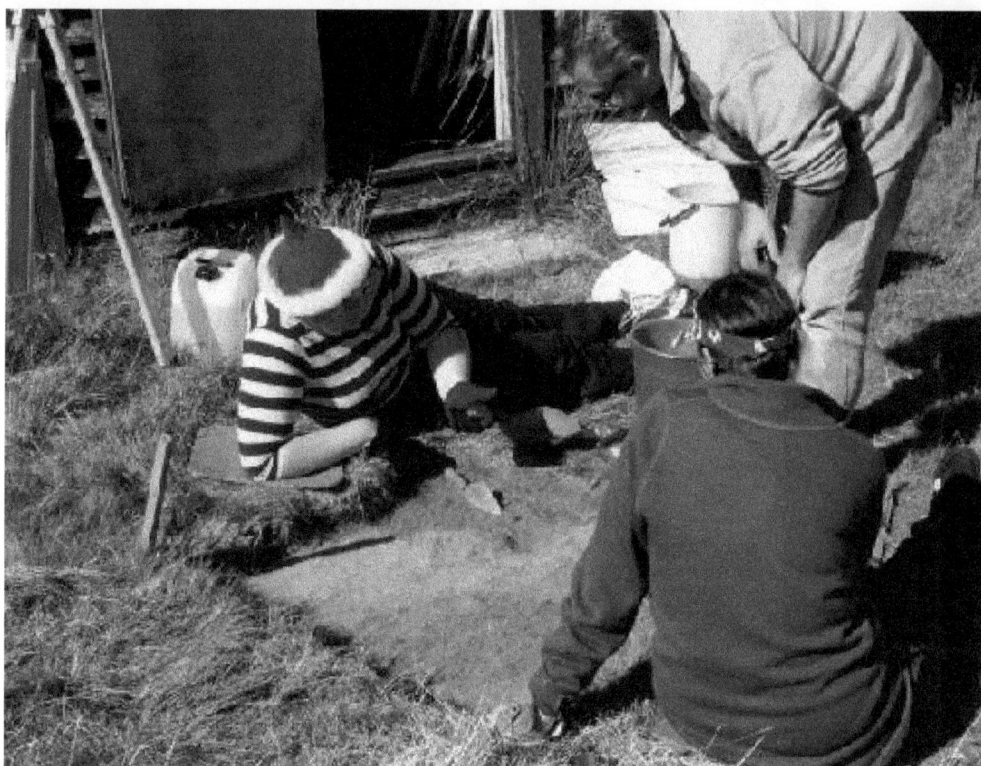

Fig. 6 What do archaeologists do in the field; and how do they practice verbal and non-verbal communication? Que font les archéologues sur le terrain; et comment s'effectue la communication verbale et non verbale? *Photo by Roger Nyqvist*

defining and evaluating structures and knowledge in the field? Filmed sequences of field work, and analyses of them, seem therefore to be of invaluable worth to education within, not only the archaeological knowledge per se, but, also within the field of social intelligence, democratic and ethic behaviour among colleagues.

The attitude summarized by these questions together with the questions for the field journal (Fig. 5), are supposed to guide us, teachers, and students, in a proper direction, and to our aims.

As a supplement to the filmed sequences, should be noted a CD on training for field archaeologists that could be used by teachers as well as by students *(Training the trainees. Coach-Mentoring for Archaeologists).*

EVALUATIONS WITH COMMENTS

Evaluations made so far, of project work, as well as of working methods, are on a more general level. We would anyway like to present some examples of evaluations of the project work and the development of new methods. Evaluations are made by the students as well as by the project group. Students have made evaluations by discussion among the members of the project's students' group, with representatives of the rest of the students. The project group's evaluation is made by a slightly different method, namely by SWOT analysis.

We have also chosen to present our comments to the results of the evaluation, thinking that working critically through the results will be an active strategy to go further, and as well help us to be more concrete in our work. First then, students' evaluation as presented by Ulf Bille, and take up students' attitudes to renewal work, and to student-centred methods of learning.

THE STUDENTS: IDEAS AND REACTIONS
Compiled by Ulf Bille

At a separate meeting with the student's group held last semester we were asked to evaluate the different ideas that were discussed at a previous meeting with all involved in the project. I will here try to present some of the ideas that came forward at this meeting and out of general discussion between us students.

- To begin with we wanted to make clear that we think traditional lectures are really important and should not be replaced by alternative forms of teaching. This, however does not necessarily mean that working in groups, seminars and other activities can be just as valuable.

- This regards peer teaching as well, students teaching students, our opinion is that this form of teaching and learning cannot replace teacher held education even though we can see the benefits of it in for example seminars and activities alike, not only within the different courses but between the different courses as well.

- We were also a bit sceptic to a one way communication within peer teaching. We thought however that it could be of value if students from the different courses could be working on a common task. One such task could be: theme days, inventory, mediation of archaeology, cultural resource mana-gement, religion and archaeology etc. These theme days could include: lectures, concrete tasks to be worked out within groups, excursions to name but a few. Activities like these could give an opportunity to dig deeper into a problem or subject and to get more contacts between students at different levels.

- We also have, in conjunction with guest lectures, been talking about organised discussion groups consisting of students from all of the different course levels.

- Thematic studies carried out in groups could be in the form of discussions of a theoretical problem or the studies of an object or artefact.

STUDENTS AFFECTING THE CONTENTS OF THE EDUCATIONAL PLAN

One really positive side of, at least the Gothenburg Department, is that at the end of each semester, an evaluation of the different courses is held with the students and the Director of Studies at the Department. This is ultimately carried out with two student representatives from each course from A through D with all the representatives present at the same time, this in order to let new ideas come forward and to

change things that have not been satisfying or have become obsolete or out-of-date. This little session is really appreciated by the involved students and I myself have seen changes happen. So, they aren't just talking, they are actually listening to the students and they are trying to make changes, if we can come up with good ideas.

COMMENTS ON STUDENTS' EVALUATION

We would like to present some brief comments on the evaluations carried out so far. As to the students' evaluation should be said, that it would for the future work be important to stress the fact, that it will not be a question of replacing students with teachers in the education.

Instead, it is about a *change of roles*, and a *change of focus* in education of professional archaeologists. The purpose is to advance the development of strategies and methods that make students more active in the daily educational work, and as a result make it possible for students to get a better overview than they will have if their education should be confined to information chosen and delivered by the teachers.

But it is as important to stress that the teachers are working on a change of roles, too. A change implies to us, that we are working on the development of co-operating teaching teams instead of keeping to the traditional individual, and often, isolated teacher's performance. It does as well imply, that we change the focus of our work, namely from almost solely giving information to students, to a focus on the giving of *response* to students instead; oral and written response to their papers, to their field journals and diaries of different kinds. Response is crucial throughout the working process, but will be given on the final result of students' work as well. Lectures will of course be given also in the future, but we aim at keeping them more on an expert level, instead of giving the survey type of lectures, and the summaries of books, usual up till now.

SWOT ANALYSIS
By the project group

Evaluation is of importance and help in the further project work, too. After about a year therefore, we tried a SWOT analysis of the project work, according to the following general and well known, and widely used model.

SWOT:
S = Strengths
W = Weaknesses
O = Opportunities
T = Threats

Strengths

We found that there were a range of strengths with the project. The most prominent among them were that we had clear aims; clear changes were about to occur; the project is a slow project, so there is time for reflection and for uncertainties and even mistakes; a constructive dialogue between teachers and teacher-student is at work

Weaknesses

Some of the rather few weaknesses, seem however to be a source of uneasiness, namely the fact that when the money and the projected time is out, how can we continue the developmental work? This kind of developmental and renewal work ought to have been a continuous task built into the university structures, indeed! This is far from so at the moment.

Opportunities

Opportunities seem to be endless, as an occasion is offered us to produce an all through new education for archaeologists with another form than the current one

Threats

The most urgent threat to the fulfilment and implementation of the new education is that far from all students follow all levels, but study archaeology for one or two terms, only. There is thus a high flux in the students' groups in general

Conclusion from the SWOT analysis

The preliminary results were good.

But one of the main difficulties was still the question of how could we integrate students more actively into the project work? Many students still prefer traditional lectures given by a teacher; why so?

ALTERNATIVE LEARNING AND PEDAGOGICAL DEVICES AND WHAT THEY CAN DO – A DISCUSSION

Alternative approaches to teaching and learning may imply the use of alternative working methods in the professional academic education of archaeologists. In our discussion of *student-centred methods of learning*, we have consulted good examples from different academic contexts of learning, and here we have presented a choice of those with whom we interact. From the experiences outside our own immediate context, can be drawn some conclusions on learning methods, and some further issues can be discussed in the light of our own experiences and thoughts. Learning environments we relate to, like Hamilakis's and Park's case studies of the use of journals, and Goodwin's studies of archaeologists' communications in the field, are parts of much wider cultural and political contexts. We have however restricted our discussion more specifically to the methods themselves this time. First and foremost, we have focused on the use of students' journals. The approach of using journals in education extends the traditional use of field note books, in archaeology, as well as in geography (cf. Park 2003: 185). This fact is a strong argument in

favour of the development of a journal practice in the education of archaeologists. Students could for example go to the museum archives and find some field note books and compare the notes with their own notes taken during the field courses.

An aim with alternative working methods is that students develop a voice of their own, and also become more visible in the daily life of education. Students' presentation of their own work in a wider context, like at the EAA in Lyon 2004, when student Ulf Bille joined two of us in a paper, was an extraordinarily positive experience for all parts in the project, teachers as well as student. For the next EAA in Cork, Ireland 2005, the same type of co-presentation with student and teachers, was made with good results. The Council has given us money for conference attendances with students, too, which is an absolute requisite for a co-operation of this variety, and also for the opportunity to make co-presentations with students in an international forum. Students' partaking and involvement can be given priority to in many ways. Through Hamilakis's case study we met with the students' opportunity to build a bridge between their own lives and academic life. These are all procedures that make students more active and thus more visible right away.

SUMMARY AND CONCLUSIONS – IN A CRITICAL LIGHT

This paper has presented a project that aims to develop, test, evaluate, and implement new learning methods in the undergraduate education in archaeology at the Gothenburg University. Working methods developed, also stand for a more active integration and participation, by students, in their education. Student focused methods tried, are i.a. the use of different categories of students' journals, students' analyses of filmed sequences in cooperative work in the field, and team work, along with peer teaching and learning approaches. New methods and approaches for students do imply renewal for teachers, too, indeed. Subsequently, teachers, for their part, develop teaching team strategies, and learn more about pedagogy in general. SWOT analyses and other evaluations made by the project group show us that we think we are working in a proper direction, but that this is a slow project. The latter infers that we have the time to think through, and to test, what we want to do.

Conclusions from the project work so far, can be drawn on several levels and in several fields of the work as well. They are however not yet to be regarded as final conclusions; rather they should be seen as accounts, or as possibilities, so we have chosen to look at them from different sides.

Students' roles as searchers, creators, and critics of knowledge, are emphasised all through. Important preliminary conclusions, or accounts on the active participation of students are made in several aspects.

Sometimes, we have had to admit that teachers seem more eager to develop and use new working methods in education, than are students. This is a statement that could work as a conclusion, but needs to be analysed. If this is so; why? It is difficult to break with established traditions of authority and one way communication from teacher to student, but we do not know exactly why. One point to consider in a discussion like this one is the maturity grade of students. We have e.g. to look at whether it is the younger or the elderly students who are inclined to resist changes and new working methods. It is thus, not a taken for granted that all students want any thorough changes, neither in working methods nor in their own part in academic education. Still, teachers do want many changes in many aspects, and of many reasons. Another facet of this matter is that teachers are the first group to be educated on alternative teaching and learning methods; we have to learn new methods before we can help students more actively into them. This is a fact that must be made aware of, and taken into consideration, as it takes time to carry out this learning process in the teachers as well.

On a more general pedagogical level, we could propose that the methods that will be the results of this project, in modified form could perhaps be of use also in other contexts; i.a. in work with children and the general public.

Last but not least, we are grateful for responses to our project idea, and the working methods we have under development in co-operation with the students. In particular we think it would be great to get responses and contributions from colleagues who have tried, or developed, more untraditional methods in their work with the professional education of archaeologists - any courses. Such works are not much known to us, with exceptions in those referred to; for, as we wrote initially, many of our colleagues do a lot of developmental work, as an integrated part in their education of professional archaeologist, but unhappily, a very few of them publish their works.

On concluding this paper, we are happy to state that we have almost another whole year of active project work left, and think that this last year, when we have learned a lot, will be the most efficient and fruitful one.

References

Bologna process; homepage. http://www.coe.int/T/E/Cultural_ Co-peration/education/ Higher_education/Activities/Bologna_ Process/default.asp

CONKEY, Margaret & TRINGHAM, Ruth 1996. Cultivating Thinking / Challenging Authority: Some Experiments in Feminist Pedagogy in Archaeology. In: Wright, Rita P. (ed). *Gender and Archaeology.* PENN. University of Pennsylvania Press. Philadelphia. Ch. 8.

FALCHIKOV, Nancy 2001. *Learning together. Peer tutoring in higher education.* Routledge Falmer. London and New York.

FREIRE, Paulo 1970. *Pedagogy of the Oppressed.* Herder & Herder. New York.

GOODWIN, Charles 2003. "Pointing as Situated Practice" In: *Pointing: Where Language, Culture and Cognition Meet,* (ed). Sotaro Kita. Mahwah, NJ: Lawrence Erlbaum, pp. 217-41.

GOODWIN, Charles, homepage: http://www.sscnet.ucla.edu/ clic/cgoodwin/publish.htm

HAMILAKIS, Yannis 2004. Archaeology and the politics of pedagogy. *World Archaeology Vol. 36(2):* 287-309. Online edition.

LÖVKVIST, Linda & HJØRUNGDAL, Tove 2000. Voices from an Educational World. Some issues on gender-conscious teaching and learning. *Current Swedish Archaeology Vol. 8,* pp. 157-178.

LÖVKVIST, Linda & HJØRUNGDAL, Tove 2005. Disseminating the herding teaching. How do students grow into explorers of knowledge, and how do teachers grow into facilitators of learning? In: Hjørungdal, Tove (ed.): *Gender Locales and Local Genders in Archaeology.* British Archaeological Reports, 1425, pp. 93-126.

PARK, Chris 2003. Engaging Students in the Learning Process: the learning journal. *Journal of Geography in Higher Education, Vol. 27, No. 2, July 2003:* 183-199. Online edition.

RAINBIRD, Paul & HAMILAKIS, Yannis eds. 2001. *Interrogating Pedagogies: Archaeology in Higher Education.* Oxford: BAR Publishing. British Archaeological Reports, S948.

TOMPKINS, Jane 1991. Teaching like it matters. A modest proposal for revolutionizing the classroom. In *Lingua franca: the review of academic life. 1991:* 24-27.

World Archaeology Vol. 36(2), 2004. Special issue on education. Online edition.

CD

Training the Trainers: Coach-Mentoring for Archaeologists. Education and Culture. Leonardo da Vinci. European Training for the UK.

From Receiving to Performing. Learning Field Archaeology

A project on Educational Development

The project is financed by The Council for the Renewal of Higher Education http://rhu.se/ (years 2003-2005).

Project manager: Associate Professor Dr. Tove Hjørungdal; tove.hjorungdal@archaeology.gu.se;

Project collaborators: Associate Professor Dr. Per Cornell; Dr. Åsa Gillberg; Dr. Anders Gustafsson; Associate Professor Dr. Håkan Karlsson; Dr. Roger Nyqvist In collaboration with a group of 4 undergraduate students (Ulf Bille, Johan Björtin, Annika Bünz, Johanna Edqvist) Gothenburg University, Dept. of Archaeology, Box 200, SE-405 30 Gothenburg, Sweden

Please visit our home page http://www.hum.gu.se/ark

L'ARCHEOLOGIE COMME INSTRUMENT PRIVILEGIE D'ENSEIGNEMENT DE L'HISTOIRE : L'EXEMPLE DES LABORATOIRES DIDACTIQUES DU MUSEE CAMILLO LEONE A VERCELLI

ARCHAEOLOGY AS A PRIVILEGED INSTRUMENT FOR THE TEACHING OF HISTORY: THE CASE OF THE TEACHING-LABORATORIES OF THE MUSEE CAMILLO LEONE, VERCELLI

par Cinzia JORIS

Résumé : Le principe du secteur Préhistoire du service éducatif du musée de Vercelli consiste en la mise en place au sein du musée, d'une structure de fouille sur laquelle les élèves peuvent mettre en application les consignes données par l'archéologue. Lorsqu'un élève découvre un objet, il peut s'y intéresser immédiatement, en faire la détermination, faire des recherches sur cet objet grâce à la mise en place, dans la même salle, de "laboratoires" où le matériel et la documentation nécessaires ont été disposés.

Abstract: The education service run by the Prehistory department of the Vercelli Museum is centred on an installation, inside the museum, of an 'excavation site' in which children undertake tasks given to them by the archaeologist. When a child discovers an object, he or she gets an immediate thrill and is helped to identify the find and carry out further research on it immediately, thanks to the 'laboratories' situated in the same room and where all the necessary tools and resource materials are to hand.

Mots-clés : Préhistoire, Musée, Education, Pédagogie, Atelier.

Keywords: Prehistory, Museum, Education, Pedagogy, Workshop.

Vercelli est une petite ville de 45 000 habitants, située à peu près à mi chemin entre Turin et Milan ; le Musée Camillo Leone est situé dans le centre historique de la ville et occupe des édifices différents, à savoir une maison nobiliaire de la fin du XV siècle, organisée autour d'une cour centrale, un palais du Baroque tardif et une structure architecturale de raccord entre les deux édifices anciens, construite en 1939 pour accueillir l'exposition, "Vercelli de la romanité au fascisme" aménagé à la suite d'une visite de Benito Mussolini à Vercelli. L'aménagement muséographique des collections archéologiques remonte d'ailleurs à cette époque et constitue aujourd'hui un document historique autant que les objets qu'il conserve.

Les collections du Musée sont le résultat de phases chronologiques différentes : le noyau principal provient des collections d'antiquités du notaire Camillo Leone, qui mourut sans héritiers en laissant ses collections et les édifices actuels du Musée à l'Institut des Beaux Arts de Vercelli ; à ce noyau principal, qui recueillait des objets archéologiques de provenance diversifiée, et des objets d'arts décoratifs, s'ajoutèrent par la suite des vestiges archéologiques provenant de la ville et du territoire, qui avaient été attentivement amassés par un historien local, le père Bruzza, entre la fin du XIX et le début du XX siècle. En relation avec l'hétérogénéité de ses collections, le Musée comprend actuellement deux sections nettement distinctes : la section archéologique, qui commence à la préhistoire et arrive au Moyen-Age et celle des arts décoratifs.

La section archéologique, qui conserve des objets provenant souvent de contextes funéraires, donc en bon état de conservation, est parfaitement adapté à des expériences de didactique de l'Histoire.

D'ailleurs, un rapport privilégié du Musée avec le monde de l'école avait déjà été noué depuis au moins dix ans, sous la forme de visites frontales aux collections, témoignant ainsi d'une forte demande de la part des écoles de la ville et de la province, à l'égard du Musée. Les requêtes du monde scolaire ont déterminé également la nouvelle activité didactique du Musée qui, ayant débuté il y a trois ans, concerne encore exclusivement le public des écoles.

Le groupe de travail dont je m'occupe se compose de lauréats de l'Université de Vercelli, faculté de Lettres, cours de Conservation des Biens Culturels, dirigé par madame le professeur Gisella Cantino Wataghin : la collaboration avec cette Université confère à notre activité une garantie scientifique dont nous sommes très fiers. Le rapport étroit avec l'Université se développe parallèlement à celui avec le monde de l'école, au travers d'un dialogue constant avec les enseignants d'école primaire et secondaire, en particulier ceux qui s'occupent de didactique de l'Histoire.

La réflexion actuelle sur l'enseignement de l'Histoire met en discussion la méthode traditionnelle basée sur leçon frontale, livre, interrogation qui n'exploite pas le potentiel formatif de la matière ; on commence à parler de médiation didactique, dans laquelle l'apprentissage de l'Histoire se fait par des opérations écrites et pratiques, conduites par l'élève, simulant une recherche historique au travers de documents sélectionnés et simplifiés par le professeur. L'enseignant devient le médiateur entre le savoir du spécialiste et le savoir didactiquement adapté aux élèves ; le but principal de l'enseignement n'est plus la communication des notions d'Histoire mais l'apprentissage des opérations cognitives qui font l'Histoire : **il faut**

mettre l'élève dans la condition de savoir construire sa compétence historique et non lui fournir les donnés déjà confectionnées.

Ces nouvelles conceptions trouvent une concrétisation sur les manuels scolaires plus récents, mais les simulations de recherches historiques se limitent généralement aux sources écrites, sans considérer les documents matériels, soit les vestiges monumentaux soit les objets archéologiques.

Au contraire, je suis convaincue, pouvant me baser sur une expérience de plusieurs années, que le document matériel offre par rapport au texte écrit plusieurs avantages, étant plus direct, il est donc perçu d'une façon plus immédiate par les étudiants (que ce soit l'objet d'un musée ou la porte romaine d'une ville) ; le document matériel peut donc stimuler la réflexion autonome plus facilement que le texte écrit, surtout dans une société comme la notre où l'image domine.

De ce point de vue, le Musée devient structure idéale de la médiation culturelle car il possède les objets, c'est à dire les sources matérielles, autant que les sites archéologiques ou les monuments sur le territoire.

Avec un retard de quelques années sur la France, les Musées italiens ont commencé à proposer des activités didactiques aux écoles : très souvent l'instrument privilégié est la visite frontale, associée parfois à des laboratoires didactiques centrés sur les activités manuelles.

L'importance du langage non verbal dans l'approche de l'Histoire a déjà été largement démontrée ; au Musée Leone comme dans plusieurs autres sites, on propose la reproduction des gestes du passé comme la réalisation d'outils préhistoriques, la construction d'un porte romaine, la réalisation de mosaïques, la fabrication de bijoux avec les coquilles et l'invention de peintures paléolithiques.

Figure 1. Laboratoire de préhistoire. L'évolution des habitats.

Si l'importance de ces opérations n'est plus l'objet d'aucun doute, un laboratoire didactique construit seulement autour d'activités manuelles fonctionne parfaitement pour les écoles primaires mais ne peut pas être proposé aux classes de niveau scolaire plus élevé.

Dans le contexte de Vercelli, au contraire, surtout les classes d'école moyenne (correspondant au collège), et les premières années des écoles secondaires nécessitaient des propositions motivantes concernant l'Histoire, discipline de plus en plus rejetée.

Mon expérience d'archéologue et la certitude de faire un métier passionnant, ainsi que les exigences des écoles, m'ont fait penser que l'archéologie pouvait devenir instrument de communication privilégié de l'Histoire dans le sens des compétences historiques.

L'exploitation de l'archéologie se fait de deux points de vue, en utilisant le document matériel et la méthode de l'archéologue, qui traduit en parole les traces matérielles du passé. J'ai pensé que transformer en archéologues les scolaires pendant la durée du laboratoire aurait pu transformer la leçon d'Histoire en une quête fascinante dont les élèves auraient été les protagonistes : il suffisait simplement de leur proposer différentes situations à interpréter en autonomie, pour arriver à l'acquisition des compétences historiques.

Figure 2. Laboratoire de préhistoire. Les habitats.

Nous avons donc élaboré différents laboratoires concernant des thèmes et des périodes historiques différentes.

La fouille simulée, réalisée dans une surface de 18 mètres carrés, propose l'investigation d'une stratigraphie simple, probable dans le contexte de l'Italie septentrionale : un campement paléolithique dans la première couche, une cabane d'Age du Fer et dans la troisième couche un édifice et une route d'époque romaine.

Figure 3. Activités de fouille.

Les scolaires fouillent les couches, documentent les traces décelées, tamisent les sédiments, déterminent les objets recueillis au travers de fiches de comparaison, afin de tracer, en conclusion du laboratoire, une rapide synthèse du contexte qu'ils ont considéré.

Figure 4. Laboratoire de préhistoire. Activités manuelles.

Le laboratoire de fouille peut être complété par un laboratoire sur les sources écrites, épigraphiques et matérielles: les collections du Musée offrent plusieurs documents, permettant de tracer l'histoire du territoire, de la protohistoire au Moyen Age (épigraphies, céramiques, verres, marbres, bronzes) qui peuvent être comparés avec des documents écrits.

Sur l'époque préhistorique nous proposons 3 laboratoires : l'évolution de l'homme, l'invention de l'art et les transformations de l'habitat entre Paléolithique et romanisation dans la région de Vercelli. Les trois laboratoires sont basés sur les mêmes principes méthodologiques : la proposition aux élèves de situations concrètes à résoudre, entraînant une démarche d'observation, avec analyse, comparaison et

synthèse ; par exemple l'évolution de l'espèce humaine est reconstruite de façon autonome au travers de la manipulation de calques en résine, reproduisant les principaux fossiles humains de la préhistoire.

L'époque romaine étant très étendue et les thèmes à affronter étant très nombreux, il fallait sélectionner quelques aspects qui pouvaient plus facilement être communiqués dans un laboratoire de ce type. Nous avons alors choisi les aspects de l'habitat dans sa dimension urbaine et en dehors de la ville, en utilisant topographie et organisation des gisements comme témoignage concret de phénomènes historiques. Les participants doivent reconstruire dans un cas une ville d'époque impériale, dans l'autre le peuplement d'une vallée alpine en utilisant des modèles tridimensionnels des principaux édifices publics et privés. La reconstitution historique ainsi obtenue est suivie par un travail sur les objets quotidiens d'époque romaine, conservés dans les vitrines du Musée, au travers de leur association avec des personnages de la ville romaine ou de leur possible localisation dans une villa suburbaine.

Figure 5. Laboratoire d'architecture romaine.

Figure 6. Laboratoire d'architecture. La villa.

Le Moyen Age, comme l'époque romaine, est une longue période généralement compactée, dans les programmes scolaires, et limitée à la période féodale des châteaux : nous avons alors choisi, forts de l'expérience faite dans les

Figure 7. Laboratoire de la ville romaine. Reconstitution de la ville romaine d'Aoste.

laboratoires d'archéologie romaine, de travailler sur l'habitat, en proposant dans ce cas aussi deux laboratoires sur l'évolution de la ville entre Antiquité tardive et Bas-Moyen-Age et sur celle du terroir.

Figure 8. Laboratoire d'architecture.

La matérialisation de la ville dans ses deux phases du Haut et Bas-Moyen-Age ainsi que l'évolution du paysage deviennent des instruments pour tracer l'évolution de phénomènes historiques importants : la reconstitution de la ville dans ses différentes phases est suivie par l'analyse d'une nécropole paléochrétienne, qui contient des tombes de l'époque romaine tardive, chrétiennes, gothiques, permettant d'affronter le problème délicat de la diffusion du Christianisme, que le public scolaire trop souvent associe à l'arrivée de nouvelles peuplades du Moyen-Orient, et celui des "invasions barbares" généralement documentées archéologiquement par les seuls contextes funéraires.

Dans le laboratoire sur le territoire, d'une vision d'ensemble du peuplement, on passe à l'analyse d'un château du XIII siècle à double enceinte qu'il faudra reconstruire dans sa complexité à l'aide des quelques

objets retrouvés à l'intérieur, selon le procédé de travail utilisé par les archéologues.

Figure 9. Laboratoire Moyen-Age. Les fouilles archéologiques.

Figure 10. Laboratoire Moyen-Age. Les édifices.

Ces laboratoires didactiques, qui ont concerné jusqu'à maintenant 6000 élèves environ, ont obtenu un grand succès auprès des enseignants et auprès des élèves qui ont demandé spontanément, chaque année, à retourner au Musée. L'expérimentation sur un nombre assez important de classes nous permet aujourd'hui de dresser un premier bilan de cette activité.

Avant tout, le travail en groupe favorise les rapports interpersonnels ; la méthode du travail autonome stimule observation et réflexion et, élément très intéressant, entraîne la participation active même des élèves qui ont un rendement scolaire très faible mais qui se sentent interpellés lorsqu'on demande la mise en jeu de qualités d'intuition et de bon sens.

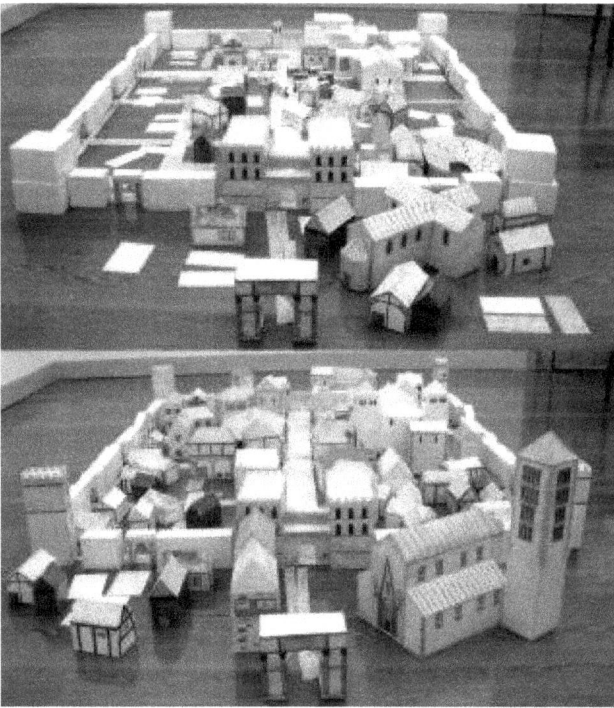

Figure 11. Laboratoire Moyen-Age. L'évolution de la cité.

L'activité didactique proposée obtient donc un premier ordre de résultats au moment de sa réalisation, dérivant du fait que l'élève est à tout moment protagoniste de la recherche historique et met en place des opérations d'analyse et de réflexion. Un deuxième ordre de résultats concerne la transmission de connaissances que nous avons pu vérifier bien après l'expérience au Musée, facilitée probablement par la méthode utilisée.

Le risque majeur de cette activité de vulgarisation réside dans la nécessité de simplifier les thèmes historiques que l'on veut communiquer et dans l'utilisation de reconstitutions du passé qui souvent interprètent les données scientifiques: pour cette raison le rapport privilégié avec l'Université et la formation scientifique élevée des médiateurs est essentielle.

En guise de conclusion, il me paraît important de réfléchir sur le fait que ces activités expriment une des vocations principales du métier d'archéologue, puisqu'elles contribuent à l'éducation de la protection du patrimoine archéologique, problème d'actualité en Italie et je crois partout ailleurs, en faisant comprendre que les traces matérielles du passé peuvent devenir des mots et que l'Histoire n'est pas un plaisir réservé à une élite mais peut devenir l'affaire de tous.

DR. J. GOES TO ARCHAEOLOGY CAMP:
A SUMMER PROGRAM FOR PRE-TEENS IN NORTH CAROLINA
DR. J. AU CHANTIER ARCHEOLOGIQUE : UN PROGRAMME ESTIVAL POUR LES PREADOLESCENTS EN CAROLINE DU NORD

Janet E. LEVY

Abstract: Over the past 20 years, American archaeologists have enlarged their interest in public education in archaeology to include avocational groups, interested lay people, and school children. The fourth principle of archaeological ethics promulgated by the Society for American Archaeology urges professional archaeologists to participate in outreach and public education. Among the debates in the growing literature on the subject is a discussion of whether and how to incorporate hands-on excavation into these educational projects. Should one take students to a real archaeological site? Should one create an artificial site, or avoid excavation all together? Another important area of discussion is how to link archaeological experiences to government-mandated educational requirements. For three summers, the University of North Carolina at Charlotte has conducted a 5-day "archaeology camp" for 9-, 10-, and 11-year old students. Camp includes excavation at a created site, web-based exercises, games, and a trip to a museum and reconstructed Indian village. Each year, the program has been modified based on the experience. One focus is on introducing scientific reasoning, as well as providing opportunities for practice in writing and quantitative skills. In this paper, I evaluate the project and discuss future plans.

Résumé : Depuis plus de 20 ans les archéologues Américains ont développé leur intérêt, dans l'éducation publique, au profit des groupes d'amateurs, des publics et des écoliers. Le quatrième principe d'éthique archéologique établi par la Société pour l'Archéologie Américaine (SAA) invite les archéologues professionnels à participer à l'appui à l'éducation publique. Parmi les débats dans la littérature en vogue sur le sujet, on discute pour savoir si on doit et comment on peut incorporer les fouilles de terrain dans ses projets éducatifs. Doit-on conduire les étudiants sur un vrai site archéologique? Devrait-on créer un site artificiel, ou éviter complètement la fouille? Un autre secteur important de discussion est de savoir comment on peut connecter des expériences archéologiques aux instructions éducatives établies par le gouvernement. Depuis trois étés, l'Université de North-Carolina à Charlotte a dirigé un "camp d'archéologie" de cinq jours pour les élèves entre 9 et 11 ans. Le camp inclut la fouille sur un site artificiel, des exercices sur l'Internet, des jeux, et un voyage à un musée et un village indien d'Amérique reconstruit. Chaque année, le programme a été modifié sur la base de l'expérience. L'objectif est aussi bien d'introduire le raisonnement scientifique que de fournir des occasions pour la pratique de l'écriture et les compétences en calcul. Dans ce papier, j'évalue le projet et discute d'autres projets pour l'avenir.

Keywords: Prehistory, Education, Pedagogy, Camp.

Mots-clés : Préhistoire, Education, Pédagogie, Camp.

Over the past 20 years, American archaeologists have greatly expanded their educational outreach to primary and secondary school audiences. This trend is part of a development of public education in archaeology which encompasses outreach to schools, amateurs, avocationalists, government officials, and the general public. The importance of outreach, although it still tends to be a minority activity in the lives of many professional archaeologists, is crystallized in the fourth principle of archaeological ethics established by the Society for American Archaeology (SAA), which encourages professional archaeologists to participate in public education (Fig. 1). The SAA also provides a variety of resources for pre-university education on its web site (Society for American Archaeology 2004).

While archaeologists began focusing on public education and outreach in general in the 1960s (for example, the Arkansas Archaeological Society and the University of Arkansas began training digs for the general public in 1964), bringing archaeology to the pre-university student audience is a more recent development. A diverse variety of goals and strategies have been pursued by archaeologists in this field.

Education projects now occurring in the United States include one-time presentations in classrooms or in museum settings, preparation of resource booklets, teacher workshops, and longer projects that absorb students over several days or weeks.

BACKGROUND

The growing interest in archaeology for children in the United States comes from two intersecting concerns, one out of archaeology and one out of education. From the archaeological side, there has been growing concern over the destruction of archaeological and historic cultural resources through both vandalism and development; public education in general and education of young people in particular are seen as a way to expand a public ethic of conservation and preservation (Smith and Ehrenhard 1991; McManamon 2000; Price et al. 2001: xvi; Christensen 1995). From the educational side, there is continuing and growing concern with standards, graduation rates, and student skills; the argument is repeatedly made that archaeology will improve student outcomes, in particular

> **Public Education and Outreach** Archaeologists shall reach out to, and participate in cooperative efforts with, others interested in the archaeological record with the aim of improving the preservation, protection, and interpretation of the record. In particular, archaeologists should undertake to: 1) enlist public support for the stewardship of the archaeological record; 2) explain and promote the use of archaeological methods and techniques in understanding human behavior and culture; and 3) communicate archaeological interpretations of the past. Many publics exist for archaeology including students and teachers; Native Americans and other ethnic, religious, and cultural groups who find in the archaeological record important aspects of their cultural heritage; lawmakers and government officials; reporters, journalists, and others involved in the media; and the general public.

Figure 1. Principle of the Code of Ethics of the Society for American Archaeology
(Lynott and Wylie 2000)

through hands-on and interdisciplinary learning projects (Cheek 1997; Smardz and Smith 2000; Price et al. 2001: xvi).

There are a number of particularities of the American situation that are relevant to any discussion of archaeology and education. Most importantly, although the national government has recently inserted itself into the debate on educational standards (to the annoyance of many teachers and administrators), primary and secondary education in the U.S. is decentralized; public education is controlled and funded at the state and local levels (Cheek 1997; Davis 2000). Thus, most ongoing projects in archaeology and education are locally focused. Appendix 1 provides references to resources developed specifically in, for example, Virginia, Georgia, Iowa, South Carolina, North Carolina, and Wisconsin. In addition, recent tax-cutting pressures in virtually all states mean that school systems must focus on limited budget priorities, almost always labeled as "the basics": i.e., at the primary level, reading, writing, and quantitative skills. So, archaeology has to fit itself into this curriculum by promising to contribute to the core, rather than as an exciting topic in its own right (Cheek 1997; Brunswig 2001). Thus, ironically, the route for archaeologists into the educational system often is not through prehistory; one's entrée is through literacy and mathematics. As a result of funding constraints, the most sophisticated archaeological education programs tend to be in the private education sector (e.g., Chiarulli et al. 2000).

THE BIG ISSUE IN ARCHAEOLOGY AND EDUCATION

The archaeology education community is a collaborative one, but there is plenty of discussion about strategies and tactics for public education in archaeology. A big debate in the field of archaeology and kids is: what should we do about digging (e.g., Chiarulli et al. 2000; Smardz 2000)? There are at least four models that have been used in different situations:

- Projects that teach archaeological principles and information without any excavation at all.
- Projects that help students participate in real excavations at real archaeological sites.

- Projects that utilize "tabletop" excavations, in miniaturized, sandbox settings.
- Projects that provide an excavation experience at a life-sized, but artificially constructed site.

In part, one's choice will depend simply on available resources (e.g., transport to a real site) and/or on the age of the students. However, there is also a philosophical component to the decision.

ARCHAEOLOGY CAMP AT THE UNIVERSITY OF NORTH CAROLINA AT CHARLOTTE

The state of North Carolina has mandated that the public universities provide assistance to public primary and secondary schools mainly through programs for teachers, but also through programs for students ages 5 – 18. In addition, the state of North Carolina wants its public universities to use their facilities and physical plants as fully as possible. One outcome of these mandates at the University of North Carolina at Charlotte is "Camps on Campus": a series of one-week summer programs, for kids ages 8-14, held on the campus and utilizing faculty expertise and university resources. These include Math Camp, Theatre Camp, Harry Potter Camp (*very* popular), Geology Camp, Astronomy Camp, Health Studies Camp, and, during the summers of 2002-2004, Archaeology Camp. When I was asked in early 2002 to develop Archaeology Camp, I was given little direction: 15 kids, ages 9-12; 5 days, 9 a.m. – 4 p.m.; and the equivalent of about 150 € in funds. In 2002, we ran one week of camp; in 2003, two weeks of 15 kids each; in 2004 we ran one week, team-taught by two of us, for 18 children. It is one of the most physically grueling things I have ever done. If we could bottle the energy of that group, we would be rich beyond our wildest dreams!

The Excavation Question

For the Charlotte program, the first decision, which then influenced much of what came afterward, was what to do about digging. I immediately eliminated the "no digging" option: for better or worse, the public concept of and not

Figure 2. Archaeology Camp at UNC-Charlotte

Figure 3. Artifacts and Ecofacts at UNC-Charlotte's Archaeology Camp

archaeology focuses on digging and finding stuff; also, for this age grade, I knew that we needed to have outdoor physical activity as part of our project. I also eliminated the "real excavation/real site" option: for one thing, at many sites in North Carolina, one can excavate for several hours and not find anything except occasional pieces of debitage.

Furthermore, in June, in North Carolina, every archaeological site I have ever been to has poison ivy (*Rhus radicans*), to say nothing of mosquitoes, chiggers, ticks, and bees; I felt we could control the safety issues much better right on the university campus. In general, I suspect that real archaeological sites are a better option for those older than about 13, but are not appropriate for younger students except for short tours.

These decisions left me with the option of building some kind of excavation setting, either life-sized or table-top, and I opted for full-sized (Fig. 2). This, of course, required a labor force and a set of artifacts. The artifacts were easy: an e-mail message to the members of my department yielded modern ceramics, glass, metal, coins, old bricks, fireplace ashes, and even a dog skull and a turtle shell (Fig. 3). From the departmental collection of unprovenienced prehistoric materials that have accumulated over the years, I was able to cull lithics and prehistoric ceramics and create a two-component site. The labor was somewhat more difficult, but ultimately I used some of my university students, who were studying field techniques, to dig 1 x 1 m. squares and build layers of garden soil and sand laced

with artifacts. By engaging them in the design of the artificial site, I expanded their archaeological education as well: providing an introduction to the responsibilities for outreach held by professional archaeologists.

The structure of the units was meant to communicate, at least in principle, the basic concept of superposition and the differences between prehistoric and historic technology, but not to mimic any actual archaeological site in North Carolina or elsewhere. In contrast, other youth projects elsewhere have deliberately created excavation units that strongly resemble actual local sites (Ellick 1991).

The Schedule

After the first year, it became clear that excavating all day was not a good idea: too hot and 10-year old attention spans cannot make the leap over the lunch break. So, more recently, we excavated in the morning and did other kinds of activities – usually inside an air-conditioned building – in the afternoons. As the program has evolved, we have included, in addition to excavation (Fig. 4):

• Washing, sorting, reconstructing, and cataloguing artifacts

• Drawing artifacts

• Writing stories and/or drawing pictures about archaeology.

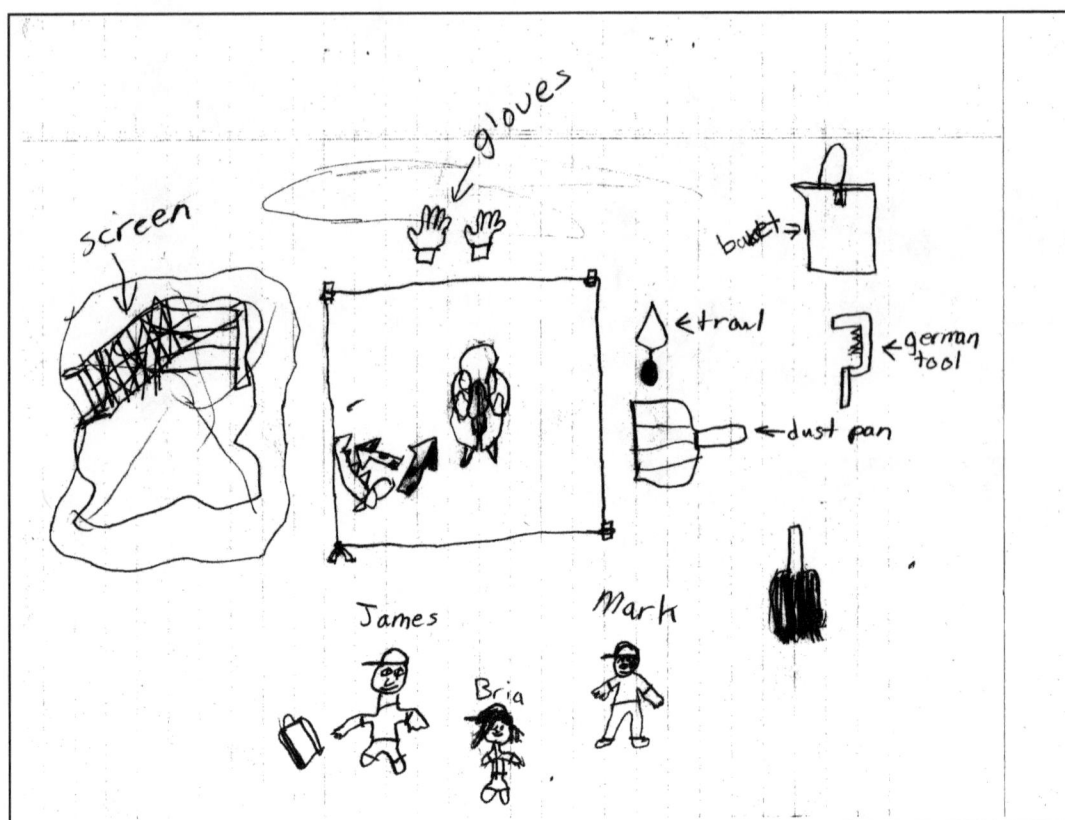

Figure 4. One Camper's View of Archaeology

- Paper and pencil activities, including exercises in stratigraphy, tree-ring dating, artifact identification, topographic maps, and so forth

- Interactive computer activities related to archaeology

- Visit to a reconstructed Indian village and museum of natural history

And, of course, I quickly learned that there had to be running-around time included as well.

My Goals

As I noted above, I had to structure some of the program to focus on literacy and mathematical skills, so we included such activities as writing stories about the past and using various measuring tools, and so forth. However, I had two other personal goals. These are not terribly sophisticated nor complex, and I found that my goals became simpler and simpler over the years.

The first goal was to communicate the basics of North Carolina prehistory, including especially the sense of how long people have lived on the land and how they occupied themselves (Fig. 7). This is a corrective for school history classes that tend to start with the Raleigh colony of approximately A.D. 1585. While no one any longer teaches about the English coming to an empty land (and, in fact, we now know that the Spanish passed through North Carolina 200 years before the English), there is little communicated to children about the long pre-European human occupation of the Americas.

The second goal was to present the structure of science through archaeology. In the world of professional archaeology, there is, of course, a long-standing debate about the relationship of archaeology and science. I have always personally been of the "science school," but more importantly, when I interviewed parents during the planning stages, they told me that science is almost ignored in the primary grades because it is not included in the state-mandated testing at that age. To introduce the concepts of science, we hold an open discussion with the students on the first day of the program on what science is and what it is not (e.g., not just laboratories). We then move on to developing four hypotheses and the test implications that we can pursue during our excavation These are broad and simple, and, of course, I have set it up for the hypotheses to work out:

- Both children and adults lived at this place.

- People prepared and ate food at this place.

- More than one type of culture used this place.

- People here had connections outside of the local area.

In 2004, with some additional thinking about the issue, I added a fifth hypothesis which I had planned would *not* be supported by the material evidence: "Military activities took place here." However, this backfired because we found some metal objects derived from recent trash in the area and not buried by me; these, my blood-thirsty 10- and 11-year olds interpreted as parts of guns (in fact, I think they were part of an old drainage system). Nevertheless, by the end of the week, all the students could explicitly link certain finds to specific hypotheses and could talk about

Figure 5. Disturbed Excavation Unit

whether there was a lot or a little amount of supporting evidence for them.

Successes and Failures

Despite – or, maybe, in resistance to – the insistently growing emphasis on assessment in American education, I do not have any systematic evaluation of what the campers learned. Ideally, one would like some kind of comparative evaluation a couple of years down the road, but budget and bureaucratic constraints make this unlikely. This is a problem for any short-term project; in a context of limited budgets, systematically evaluated programs will be easier to justify than those for which there is only anecdotal evidence. However, I can talk about my own sense of successes and failures. My best moment in three years came during an excavation session when one of the kids came racing over, excitedly calling: "Dr. J., Dr. J., look, I found part of a doll: that means that children lived here, we proved one of our hypotheses!" This was one of those moments when I am tempted to raise my eyes heavenward and whisper, "thank you, spirits, I needed that."

In general, we were reasonably successful in communicating the principles of scientific research, at least at a basic level. In particular, I was pleased that all of the kids seem to have grasped the idea that science is not just about laboratories, but is a general way of investigating the world. We were also reasonably successful in communicating at least something about early Native American life in our region. This goal was greatly facilitated by visiting a nearby natural history museum, the Schiele Museum of Gastonia, North Carolina, which has a life-sized, reconstructed village which represents historic lifeways of the local Catawba Indian Nation. The museum educator is brilliant at communicating

with children and held their attention for over an hour. It certainly helped that he is a skilled knapper and created stone tools in front of their eyes. Visiting the reconstructed village provided us with a strong visual impression of Native American life through several hundred years. It also allowed us to discuss what might be left for archaeologists and what would disappear, so the children, I think, really grasped the importance of variable preservation to the interpretation of archaeological remains.

Also very successful – as might be predicted – was the afternoon devoted to interactive computer games and projects related to archaeology. For the primary age grades, these tend to be relatively cartoon-like and focus on the "great" civilizations, such as ancient Egypt or the Maya. Again as you might expect, topics like mummies are really popular, and there is a fair amount of junk out there in cyber land. Nevertheless, there are quite a few excellent web sites, including those that teach some of the basics of ancient cultures and others which communicate some of the principles of archaeological practice. The Institute of Archaeology at the University of Tel Aviv has a great web site that allows kids to virtually reconstruct broken pots, an activity which kept their rapt attention for 30 minutes of blessed silence. There is a range of material on the web which can appeal to different age groups, and several Web sites are good at communicating basic principles. Appendix 2 provides a list of useful web resources.

However, in general, I would say we were much less successful in communicating the principles of archaeological practice, in a hands-on fashion, than in the other goals. Our most obvious failure was our inability to control the rate of excavation and the students' recognition of different layers. Each of the constructed units had two layers created

---

**ARCHAEOLOGY CAMP
RECORDING SHEET**

DATE: _____

NAMES OF EXCAVATORS: _____

WHAT IS THE NUMBER OF YOUR UNIT? _____

HOW BIG IS YOUR UNIT? [use metric] _____
[Please draw a sketch map of your unit on the back, showing the direction of North from the compass.]

HOW DEEP IS YOUR UNIT WHEN EXCAVATION IS COMPLETE?_____
[use metric]

WHAT ARTIFACTS DID YOU FIND?

Layer #1	Layer #2	Layer #3 (if any)
Please describe soil color first:	Please describe soil color first:	Please describe soil color first:
List artifacts:	List artifacts:	List artifacts:

Comments (include here information about features; be sure to draw a scale drawing on graph paper).
Use the back of the sheet if necessary:

Figure 6.

to be distinctly different in color and contents: a lower "prehistoric" component and an upper "historic" component. Each year, we constructed the sites about 4 weeks before camp started. It became clear after the first year that each layer should be tamped down hard in order to retain some integrity for excavation. But even after improving the construction technique and with campers using trowels not shovels for excavation, and even though I or my teaching partners were never more than about 5 meters from any unit, we could never quite keep enough control to prevent the children from rushing the excavation, missing the contrasting layers, and gouging holes in order to pluck out some "goody" (Fig. 5). So, in general, the recognition of stratigraphy and features were failures. It would have worked better if we had had a constant adult supervisor for every unit (3-4 campers), but this was never possible. What I learned was that, at this age, you really cannot have too much supervision, especially when you are supplying kids with instruments of destruction.

Similarly, I was never completely happy with the note-taking/paperwork aspect of the excavation. There were simplified forms to be filled out by the excavators of each unit (Fig. 6), and on the last day, they were required to write a catalog of their finds. But the paperwork elicited a lot of whining and tended to be relegated to one, usually female, member of each team. In part, this may be due to students' expectations of "camp" which, in the U.S., is culturally very different from school; so, the kids were looking for entertainment. Their parents, in contrast, were obviously looking for a summer activity that would join entertainment and learning; otherwise, they would not have chosen a university-based program.

SOME GENERAL THOUGHTS

It is obvious that Archaeology Camp can only reach a relatively small number of students. Some archaeological educators emphasize that we can reach many more students by focusing our energies on teaching teachers rather than teaching individual groups of young students (Selig 1991, 1997). This is undoubtedly true, and several states, as well as the SAA, do periodically offer workshops

PREHISTORY NEAR CHARLOTTE

When archaeologists make charts to summarize information, they draw the charts in **stratigraphic order**. That means that the earliest periods are on the bottom, and you read the chart from bottom to top. Here is a summary of the **dates** and **cultural characteristics** of different periods of prehistory in the region around Charlotte. This region is called the **Piedmont** of North Carolina and South Carolina.

PERIOD	DATE	CULTURAL CHARACTERISTICS
HISTORIC PERIOD	1540 A.D. - present (begins about 450 years ago)	<ul><li>A Spanish expedition, led by Hernando De Soto visited our area in 1541. They built some small forts, but these have been destroyed.</li><li>Around 1670, English people from near Charleston began to move into the area, bringing new kinds of artifacts.</li><li>Native Americans suffered from diseases brought by Europeans and their population got smaller.</li><li>The city of Charlotte was founded in 1768.</li><li>Until 1863, some people owned African-American slaves.</li><li>The Catawba Indians settled on their reservation (near today's Carowinds) in the 1800s. They still make traditional pottery.</li></ul>
MISSISSIPPIAN PERIOD	approx. 1000 A.D. - 1540 A.D. (begins about 1000 years ago)	<ul><li>Most people now lived in permanent villages, sometimes with a palisade (large fence).</li><li>Agriculture became very important, especially the growing of corn (also called maize) and pumpkins and, possibly, beans.</li><li>Pottery was decorated with stamped paddles and punctates.</li><li>In some places, people built mounds in the center of their village for a special ceremonial building to sit on.</li><li>Some villages had chiefs in charge.</li></ul>
WOODLAND PERIOD	approx. 1000 B.C. - 1000 A.D (begins about 3000 years ago).	<ul><li>People began living part-time in villages; the houses were built of wooden posts, thatch, bark, and clay.</li><li>People continued to use wild foods, but also began growing crops like sunflowers and gourds.</li><li>Pottery was invented and used for cooking and storing water. Stone and bone tools and basketry continue.</li><li>Hunting was done with bows and arrows.</li></ul>

Figure 7. Partial Chronology of North Carolina Prehistory

or other resources to teachers. Nevertheless, there is certainly room for a range of public education efforts in archaeology including those which are aimed at a relatively small number of children.

It was somewhat unexpected to discover that in addition to archaeology, I was teaching unspoken lessons about gender and diversity as well (Fig. 8). It was a constant effort to prevent girls from being relegated to screening (sieving). Perhaps I should not have been surprised to see gender roles played out in such obvious fashion; I frequently see the same thing in field schools for university students. The difference, however, is that in the university field schools, women tend to dominate enrollment, so they eventually have to do all the jobs, while the camps always had more boys than girls.

In addition, we were blessed each year with a cultural and racially diverse group of children; here, I credit their parents and school systems with teaching tolerance;

although there were personal animosities ("he's lazy"; "she doesn't share the tools"; etc.) and a fair amount of whining about how hot it was and how tired they were, we had no problem creating collaborative groups of diverse kids (Fig. 9). The gender issue was, in fact, more difficult because the children frequently wanted to work in single-gender groups. I usually did not allow this, although there is a school of thought which argues that it is both appropriate and effective at this age.

Even the 10-year olds were suspicious early on about where the archaeological materials came from, and eventually they all figured out that I had created the site and, therefore, knew what was in it. For older students, this would not work; I think that by age 13-14, a real archaeological site is likely to be a more effective teaching situation. As well, at the older age, students can do more independent research on archaeological topics and use some of the more complex Internet resources. The younger kids seemed to be able to adopt a kind of

Figure 8. Archaeology Campers

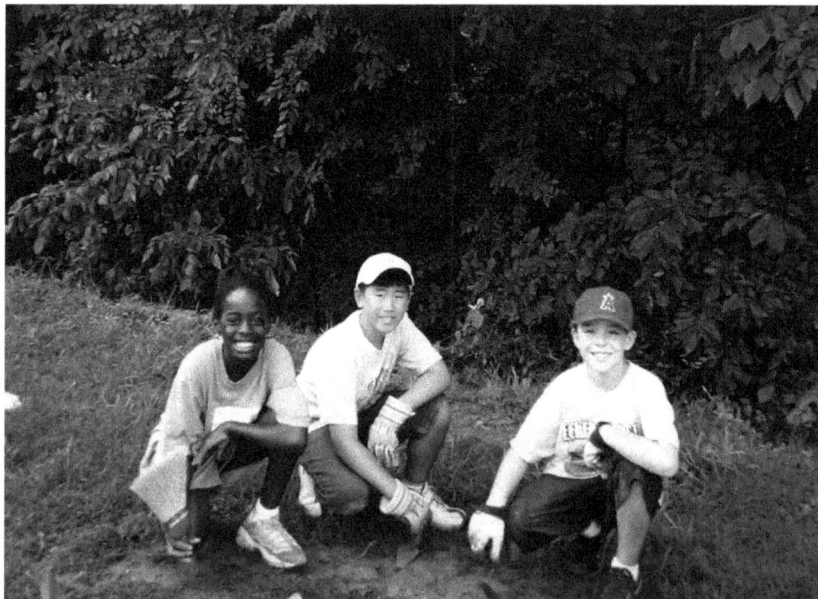

Figure 9. Archaeology Campers

willing suspension of disbelief and get excited about the finds. There are always one or two juvenile cynics who take a very blasé approach and claim to find *everything* boring, but even they were enthusiastic from time to time.

My sense is that success in archaeological education, at least for a project that is more than a one-time presentation, increases with the diversity of activities, including both indoors and outdoor activities. I have also come to accept that, especially for younger ages, entertainment must be combined with education; further, one should be satisfied with some very basic goals. Given the overall lack of knowledge of archaeology and prehistory in the general public, one can make a contribution by teaching relatively simple concepts: the time depth of regional human occupation; the creativity of ancient people; the principle of superposition; and the importance of record-keeping. Further, given the narrowing of focus of school curricula, due to standardized testing, almost any archaeological activity will be contributing eclectic enrichment that is otherwise frequently lacking.

As I noted at the beginning, it is argued widely in the literature that archaeology for young students is one strategy for improving public knowledge of and attitudes toward cultural resources and archaeological sites. The tricky part is whether focusing on excavation will communicate to students or members of the public that anyone can do archaeological digging and, thus, inadvertently contribute to vandalism rather than work to diminish it (Smith and Smardz 2000). This is especially important in a state with a remaining fairly large rural population, many members of which have artifact collections from agricultural working on their own land. This is possibly the most important "trap" for public education in archaeology. It remains an open question in my own mind whether my campers will take away a conservation ideology. They certainly all know that "the pencil is the most important archaeological tool." They also all know that people have lived in North Carolina for 12,000 years, and managed without cars, planes, computers, or supermarkets (and they know that people and dinosaurs did not live at the same time!). However, every single camper for three years really really *really* wanted to take home an artifact to keep, which, of course, is not the idea one wants to communicate. This was a major dilemma, and you should know that every year I folded and allowed each camper to choose one of the "historic" artifacts to take home on the last day. But we did talk about why this was permissible from our "site," and not from other archaeological sites. Still, while I sense an increased appreciation for the creativity of ancient people among my campers, I am more dubious about the level of a preservation ethic they might have absorbed.

Archaeology has a wonderful appeal to children, pre-teens, and teens. Popular understanding of the past, as we all know, is often distorted; however, we can exploit the appeal to teach both about archaeology and prehistory and, at least as importantly, about science and logical thinking in general. Kids are surprising; each year, several of my campers startled me with unexpectedly sophisticated insights into material culture or past societies. Relatively short programs have an important role to play in communicating the principles of archaeology, but we must keep our expectations modest especially with younger children. I have found that ages 9 and 10 are prime for sparking interest in archaeology and prehistory. The remaining challenge is to balance that interest with an understanding of the need for preservation of cultural resources.

Acknowledgements

Dr. Charles Houck, my partner in teaching
Jessica DiBiase, Tim Weatherby, teaching assistants
Dr. Alan May, Schiele Museum of Natural History, Gastonia, NC
Steve Watts, museum educator, Schiele Museum of Natural History, Gastonia, NC
Eimear Goggin, Camps on Campus, UNC-Charlotte
Ken Burrows, Summer Programs, UNC-Charlotte
Department of Sociology and Anthropology, UNC-Charlotte
Facilities Management, UNC-Charlotte

Ms. Renee Philbeck, who translated the abstract into French
Campers, 2002-2004: Johnnie, Ryan, Jon Casey, Suzanne, Geard, Matthew, John H., India, Meghan, Hillary, Elena, Daniel, Tammy, Kendall, Conor, Sean, Quinn, Josh, Jackson, Jarrod, Lydia, Lucas, Michael J., Colton, Cierra, James M., Rachel, Wesley, Andrew, Trevor W., Anna, Trevor B., Mark, Julia, Declan, William, Allison, James K., Katherine K., Kate K., Trenton, Nikolas, Trae, Bria, Connor, Katie S., Jackson T., Andrew T. Taylor, Bailey, Michael Y.

References Cited

BRUNSWIG, Jr., Robert H., 2000, Including Archaeology in K-12 Teacher Education. In *The Archaeology Education Handbook: Sharing the Past with Kids*, edited by Karolyn Smardz and Shelley J. Smith, pp. 142-150. Altamira Press, in cooperation with the Society for American Archaeology, Walnut Creek, CA.

CHEEK, Dennis W., 1997, Anthropology in the Science and Social Studies Curriculum. In *The Teaching of Anthropology: Problems, Issues, and Decisions*, edited by Conrad P. Kottak, Jane, J. White, Richard H. Furlow, and Patricia C. Rice, pp. 308-315. Mayfield Publishing Co., Mountain View, CA.

CHIARULLI, Beverly A., Ellen Dailey BEDELL, and Ceil Leeper STURDEVANT, 2000, Simulated Excavations and Critical Thinking Skills. In *The Archaeology Education Handbook: Sharing the Past with Kids*, edited by Karolyn Smardz and Shelley J. Smith, pp. 217-233. Altamira Press, in cooperation with the Society for American Archaeology, Walnut Creek, CA.

CHRISTENSEN, Bonnie, editor, 1995, *Public Archaeology Review: Archaeology and Public Education as it Applies to Precollegiate Students and Instructors*. Vol. 3, #1&2. Center for Archaeology in the Public Interest, Indiana University-Purdue University at Indianapolis.

DAVIS, M. Elaine, 2000, Governmental Education Standards and K-12 Archaeology Programs. In *The Archaeology Education Handbook: Sharing the Past with Kids*, edited by Karolyn Smardz and Shelley J. Smith, pp. 54-71. Altamira Press, in cooperation with the Society for American Archaeology, Walnut Creek, CA.

ELLICK, Carol, 1991, Archeology is More than a Dig: Educating Children about the Past Saves Sites for the Future. In *Archaeology and Education: The Classroom and Beyond*, edited by K.C. Smith and Francis P. McManamon, pp. 27-31. Archeological Assistance Study, #2. U.S. Department of the Interior, National Park Service, Office of Departmental Consulting Archaeologist, Washington, D.C.

LYNOTT, Mark J. and Alison WYLIE, editors, 2000, *Ethics in American Archaeology*, 2nd edition. Society for American Archaeology, Washington, D.C.

MCMANAMON, Frank P., 2000, Public Education: A Part of Archaeological Professionalism. In *The Archaeology Education Handbook: Sharing the Past with Kids*, edited by Karolyn Smardz and Shelley J. Smith, pp. 17-24.. Altamira Press, in cooperation with the Society for American Archaeology, Walnut Creek, CA.

PRICE, Margo L., Patricia M. SAMFORD, and Vincas P. STEPONAITIS, 2001, *Intrigue of the Past – North Carolina's First Peoples: A Teacher's Activity Guide for Fourth through Eighth Grades*. Research Laboratories of Archaeology Monograph Series #3. University of North Carolina at Chapel Hill. (Available on the web at: http://www.rla.unc.edu/lessons/.)

SELIG, Ruth, 1991, Teacher Training Programs in Anthropology: The Multiplier Effect in the Classroom. In *Archaeology and Education: The Classroom and Beyond*, edited by K.C. Smith and Francis P. McManamon, pp. 3-8. Archeological Assistance Study, #2. U.S. Department of the Interior, National Park Service, Office of Departmental Consulting Archaeologist, Washington, D.C.,

SELIG, Ruth, 1997, The Challenge of Exclusion: Anthropology, Teachers, and Schools. In *The Teaching of Anthropology: Problems, Issues, and Decisions*, edited by Conrad P. Kottak, Jane, J. White, Richard H. Furlow, and Patricia C. Rice, pp. 199-307. Mayfield Publishing Co., Mountain View, CA.

SMARDZ, Karolyn, 2000, Digging with Kids. In *The Archaeology Education Handbook: Sharing the Past with Kids*, edited by Karolyn Smardz and Shelley J. Smith, pp. 234-248. Altamira Press, in cooperation with the Society for American Archaeology, Walnut Creek, CA.

SMARDZ, Karolyn and Shelley J. SMITH, editors, 2000, *The Archaeology Education Handbook: Sharing the Past with Kids*. Altamira Press, in cooperation with the Society for American Archaeology, Walnut Creek, CA.

SMITH, George S. and John E. EHRENHARD, editors, 1991, *Protecting the Past*. CRC Press, Boca Raton, FL.

SMITH, K.C. and Francis P. MCMANAMON, editors, 1991, *Archeology and Education: The Classroom and Beyond*. Archeological Assistance Study, #2. US Department of the Interior, National Park Service, Office of Departmental Consulting Archeologist, Washington, DC.

SMITH, Shelley J. and Karolyn SMARDZ, 2000, Introduction. In *The Archaeology Education Handbook: Sharing the Past with Kids*, edited by Karolyn Smardz and Shelley J. Smith, pp. 25-38. Altamira Press, in cooperation with the Society for American Archaeology, Walnut Creek, CA.

Society for American Archaeology, 2004, Educational Materials Available from the SAA and Archaeology in the Classroom: Guidelines for the Evaluation of Archaeology Education Materials. Electronic document: http://www.saa.org/education/index.html. Accessed 20 December 2004.

Address

Department of Anthropology;
University of North Carolina at Charlotte;
9201 University City Boulevard;
Charlotte, NC 28223-0001; USA.
704-687-4282; 704-687-3091 (fax);
jelevy@email.uncc.edu

Appendix 1

Using Archaeology In Pre-University Education:
A Selection of State-Oriented Publications

Archeological Society of Virginia, 1991, Archeological Resources for the Classroom: A Guide for Virginia Teachers. Special Publication #27.

Hawkins, Nancy, 1995, Introducing Archaeology K-12: Materials from Louisiana. Public Archaeology Review 3 (1&2):30-32. Center for Archaeology in the Public Interest, Indiana University-Purdue University, Indianapolis, IN.

Hawkins, Nancy et al., eds., 1989 , Can You Dig It? A Classroom Guide to South Carolina Archaeology. SC Department of Education and SC Institute of Archaeology and Anthropology, Columbia, SC.

Malone, Bobbie, 2000, Digging and Discovery – Wisconsin Archaeology: Teacher's Guide and Student Materials. State Historical Society of Wisconsin, Madison, Wisconsin.

Price, Margo L., Patricia M. Samford, and Vincas P. Steponaitis, 2001, Intrigue of the Past – North Carolina's First Peoples: A Teacher's Activity Guide for Fourth through Eighth Grades. Research Laboratories of Archaeology Monograph Series #3. University of North Carolina at Chapel Hill. (Available on the web at: http://www.rla.unc.edu/lessons/.)

Schermer, Shirley J., 1992, Discovering Archaeology: An Activity Guide for Educators. Special Publication of the Office of the State Archaeologist, University of Iowa, Iowa City.

Society for Georgia Archaeology, 1992, "Used Archaeology: Practical Classroom Ideas for Teachers, by Teachers," Early Georgia, vol. 20, #1.

Appendix 2

On-Line Resources About Archaeology For Children,

This is a limited survey of what is available, but I have tried all of them. These were active as of November, 2004.

Archaeology from the American Museum of Natural History
National Center for Science Literacy, Education, and Technology, AMNH, New York City
http://ology.amnh.org/archaeology/index.html
[On-line activities, virtual visits to important sites, suggestions for non-computer projects; includes projects focused on the Inca, Zapotec, Petra, and the southeastern U.S.]

Dig Links
Cobblestone Publishing Co., Peterborough, New Hampshire
http://www.digonsite.com/links.html
[Large number of links to various sites accessible to children; includes games, virtual tours – for example of Vesuvius or Chauvet Cave – texts on ancient civilizations, etc.]

Excavating Occaneechi Town
Research Laboratories of Archaeology, University of North Carolina at Chapel Hill
http://ibiblio.org/rla/dig/
[An electronic catalog of excavations of an 18th century Native American community. Also includes an "electronic dig," where students can decide where to dig, discover what is found in each unit, and develop interpretations. Also available on CD-ROM. A rich source that can be used in a variety of creative ways. Can be used for independent work by older teens or with significant teacher guidance for younger students.]

Just for Kids
http://www.museum.upenn.edu/new/edu/kids/kids_just_for_kids.shtml
University Museum, University of Pennsylvania, Philadelphia
[A limited set of games; the best part is the section that translates your name into Egyptian hieroglyphs or Babylonian cuneiform.]

Kids Dig Reed
By Michael Baker Jr. for the West Virginia Department of Transportation
http://www.kidsdigreed.com/

[Based on the excavation of a 19th century farmstead in West Virginia, this site has a variety of interactive projects including surveying and excavating the site, playing games, and learning about the artifacts. Well-done.]

Make A Mummy
The Discovery Channel
http://kids.discovery.com/fansites/tutenstein/mummymaker/mummymaker.html
[Lots of gross detail about internal organs; 10 year olds love it. The site also includes some advertising.]

Mesoamerican Ballgame
The Mint Museum of Art, Charlotte, NC
http://www.ballgame.org/
[A variety of games and activities based on the Maya ballgame; communicates some basic information about prehistoric societies as well.]

Restore a vessel
Sonia and Marco Nadler Institute of Archaeology and Jacob M. Alkow Department of Archaeology and Ancient Near Eastern Cultures, University of Tel Aviv, Israel
http://www.tau.ac.il/humanities/archaeology/kad/puzzle.html
[Very successful; provides four vessels and two levels of complexity.]

SAA Web Resources for Public Education
Society for American Archaeology, Washington, DC,
http://www.saa.org/education/index.html
[Oriented toward teachers; provides both guidelines and specific activities and projects.]

Texas Beyond History for Kids
Texas Archaeological Research Laboratory, University of Texas at Austin
http://www.texasbeyondhistory.net/kids/index.html
[Although obviously focused on Texas prehistory, provides word games, puzzles, and other activities that teach about archaeology; includes some activities for children as young as 6 or 7.]

ARCHAEOLOGY IN SCHOOLS :
A VIEW TOWARDS THE FUTURE IN JAPAN
L'ARCHEOLOGIE A L'ECOLE :
UN REGARD VERS LE FUTUR, AU JAPON

Caroline PATHY - BARKER

Abstract : Japan is unique in the sense that Education and Archaeology are "under the same umbrella" which should facilitate the task of educating teachers to be good archaeologists and visa-versa. The future can only be perceived through the younger generation and therefore the education programs within the schools is one of Japan's greatest assets at present.

Résumé : Le Japon est un cas unique dans le fait que l'Education et l'Archéologie sont régis par la même administration ce qui devrait permettre aux enseignants d'être de bons archéologues et vice versa. Le futur peut seulement être perçu à travers la génération la plus jeune et, pour cette raison, les programmes éducatifs pour les écoles constituent l'un des principaux actifs pour le moment.

Keywords : Archaeology, Education, Pedagogy, Japan.

Mots-clés : Archéologie, Education, Pédagogie, Japon.

Our idea of Japan is far removed from what it really is. Prior to my coming over thirteen years ago I envisaged a very precise society being backed – up by high – tech. being used in daily life and of course used at work. Well that often is not the case and the high – tech is often exported and not used in the various disciplines here. As I started to work within the system I soon was confronted by quite a traditional society willing to change but having the constraints of protocol and 'red-tape'. In that sense what has happened within British archaeology was not to dissimilar.

Japan's history in the last thirty years has seen an enormous expansion in the industrial and construction industry. The pace of urbanization, irrigation, land reclamation and other developments has made it a priority for archaeological research projects prior to being buried forever under 'concrete'.

This is particularly true in Asia where excavations have been increasingly motivated by the interest of the general public in their past and the desire to understand their own civilizations.

I made it my target to try and understand the Japanese, and the way society ticked.

Within the first six months I was working on an archaeological rescue project on two pottery sites and one Samurai site in and around Nagoya. All these sites were Rescue sites and all the funding came via the developer.

For someone who is unfamiliar with the Japanese – run archaeological sites, when you visit, or indeed take part in the project, it is at first glance like witnessing a traditional Japanese ink picture where the peasants are working in their fields – older men (ojisan's) and women (obatchan's) clad in their habitual hats and sweat towels (bandanas) and of course using very different excavating tools to what we are used to. Only at the end of the day changed and

'unmasked' does one recognize their fellow workers! Most to my surprise on an archaeological site of 40 to 50 people you would maybe have three 'professionals' and the rest would be part time non-professionals, usually retired people from all walks of life. This sometimes makes progress slow! Most of the excavating is undertaken by the part – time personnel and the records such as drawing, planning, photographs and finds sorting carried out by archaeologists. All the site workers are very hardworking and well – organized as one would expect. Clockwork is the word.

Accelerating urbanization development, the 'what is new is best' philosophy and the American style movement has slowed the preservation of some of Japans heritage. In fact in order to keep certain traditional crafts alive like carpentry temple rebuilding projects are carried out every 30 years, so that very few temples one sees are old…

As far as scheduling sites goes it is difficult to schedule easily, and usually it is the Agency of cultural affairs that tries to negotiate with landowners before scheduling happens.

In the last five years I have seen more interest for preservation of sites *in situ* and true public interest is very important but still you will not find motivated groups or local pressure groups petitioning or taking up the road to government offices, like possibly in our countries. The Japanese mentality is not one of confrontation and debating! It is not an attitude of 'laissez – faire' but of gradual acceptance of certain changes. Indeed Archaeology is under the hospice of the board of Education and within that area spreading the awareness is in progress in certain Prefectures that are organizing programs directly linked to schools to make the younger generation aware of their heritage. Since 2001 the new school curriculum has been put in place with the aim of broadening student awareness and encourage them to join the profession.

RECENT TRENDS IN AND OUT OF SCHOOLS IN JAPAN

Recently many changes have been happening in Japan due to the economic slump and or the disenchantment with the school curriculum. Most countries school curriculums come and go depending on the whim of who is at the top but for Japan it has taken a long time and hopes were high for a chance for all subjects to get a look – in. New amendments within the Cultural Properties Protection Law in the year 2000 meant funding for archaeology was dealt differently but on the other but on the other hand in education an amendment within the government Guidelines of teaching in 1999 came into effect in 2001 under the name of 'Cross Cultural' activities.

This meant theoretically that there would be more time 'vocational time' and a possibility for school teachers/ lecturers to bring in something new and enriching to the previously very structured and rigid curriculum. This would mean more optional choices of languages and other subjects appearing occasionally. For archaeology since the amendment there has been more interest between museum and schools when the archaeologists and the teachers have been keen to introduce something related to the curriculum.

COOPERATION BETWEEN THE BOARD OF EDUCATION, MUSEUMS, ARCHAEOLOGICAL CENTRES, ARCHAEOLOGISTS AND SCHOOLS

In Japan sending archaeologists as part-time lecturers to schools is a fairly regular occurrence and indeed is on the increase in some prefectures. But not yet on a national scale, so there is no systematic coordination being carried out. One prefecture which is working very hard towards this aim is Gunma prefecture (as mentioned in this article by my colleague Yozo Akayama), where in the past an increase of Development Lead Excavations resulted in an increase in the number of teachers employed by Gunma Archaeological Centre. This meant that 50% of the archaeological researchers are teachers. Not only they give animated talks in schools but they put together information packs to develop teaching materials to be used in schools.

As well as coordinating teachers the local Board of Educations are the ones who are in charge of adding archaeological sites to maps and influencing developers to change their schemes to maintain an archaeological site *in situ*. But as far as buildings are concerned there are many problems. Most buildings are wooden and the summer humidity/semi-tropical weather with a number of rainy season periods during the year hampers preservation, and there is no legal regulation/policy regarding old buildings, furthermore archaeologists have not been very interested in that area until fairly recently and still it is an uphill struggle to achieve anything.

ARCHAEOLOGICAL PROJECTS

As in all fields there has been a recession and projects have dried – up, but still archaeologists who are employed by the board of education have a very unique position. Why? Well be there no work on archaeological sites they can become teachers, which is an asset to the archaeological world in order to promote heritage and archaeology in schools, but where it becomes a slight problem is when the reverse happens, a school teacher is put in charge of an archaeological site... No system is perfect!

The policies governing projects are still that if there is a threat then the site should be excavated. But within this philosophy it is normal that much vital information will be and is lost. 'Dig and dig till there is nothing left' is serious and worth reevaluating for the heritage of Japan. And we find ourselves here in a similar situation that England was in the late 80's just before I came to Japan. New preservation techniques have to be evaluated and put in place and evaluating sites rather than full excavation should be a priority and not a mere possibility.

PROSPECTS FOR THE FUTURE

Within the Japanese schools attempting to implement an archaeological approach in schools has just started, and it is developing as one of the roles of the diffusion of Archaeology. Japan is in a very lucky predicament I feel because compared to other countries there are large numbers of developer lead excavations throughout Japan, therefore the general public has the opportunity to visit these sites and be in direct contact with their heritage.

THE RISING SUN CONTINUES TO RISE

Japan is unique in the sense that Education and Archaeology are "under the same umbrella" which should facilitate the task of educating teachers to be good archaeologists and visa – versa.

The future can only be perceived through our younger generation and there fore the education programs within the schools is one of Japan's greatest assets at present but this will only be able to be achieved if the pressure of total excavation gives way to preservation and conservation for the future therefore allowing more time for the profession to educate our younger generation.

BETTER COMMUNICATION AND WAYS TO KEEP IN TOUCH

As part of the new curriculum and other changes in Japan and other countries it was decided with colleagues to set – up a working party to look at various countries their progress and exchange of ideas. As a result we have regularly organized sessions within the EAA (European Archaeological Association) since 2000. During these sessions it has been very heartening to find that many other countries such as France, Sweden, Greece, The USA, and many more are working towards similar goals.

References

HENSON, Don, 1996, Teaching Archaeology. A United Kingdom Directory of resources.

KOBAYASHI, Daigo, 1999, The implementation of Archaeological Aspects for School Education at Primary school and secondary levels in England, *Bulletin of Gunma Archaeological Research Foundation.*

KOBAYASHI, Daigo, 2000, Introducing Archaeology within the Japanese New Educational Curriculum, *6th. Annual Meeting Final Programme and Abstracts.*

PATHY – BARKER, Caroline, 2000, Round-Table Abstract, Bournemouth *5th. Annual Meeting Final Programme and Abstracts.* European Association of Archaeologists, p.49.

PATHY – BARKER, Caroline, 2001, Round-Table Abstract, Lisbon *6th. Annual Meeting Final Programme and Abstracts.* European Association of Archaeologists, p.224.

PATHY – BARKER, Caroline, 2003, Round-Table Abstract, Thessaloniki *7th. Annual Meeting Final Programme and Abstracts.* European Association of Archaeologists, p.158.

PATHY – BARKER, Caroline, 2003, Waseda University Yearly publication. Archaeology in Education.

PATHY – BARKER, Caroline, 2004, Round-Table Abstract, Lyon *10th. Annual Meeting Final Programme and Abstracts.* European Association of Archaeologists.

L'ARCHEOLOGIE DU SENSIBLE A L'INTELLIGIBLE
ARCHAEOLOGY, FROM THE SENSIBLE TO THE INTELLIGIBLE

par Cyril DUMAS

Résumé : Le Musée des Baux dispose depuis 1997 d'un service de médiation du patrimoine destiné à se créer de nouveaux publics. Ce service propose ainsi de sensibiliser les plus jeunes à l'archéologie à travers une démarche participative. Le projet permet de découvrir cette discipline en suivant les différentes étapes du traitement d'un vestige archéologique, c'est à dire depuis sa découverte jusqu'à sa mise en valeur. Pour mener à bien cette mission, nous avons mené une réflexion sur l'intérêt et les enjeux de notre démarche pédagogique.

Abstract: Since 1997, the museum of "Les Baux" has elaborated its heritage so as to attract new visitors. This institution uses awareness to attract younger crowds to archeology by using interactive presentations. This project allows the public to discover archeology throughout the different stages that is to say from its discovery of an artifact until its presentation at an exhibit. To success in this mission, we have given great thought to the interest and outcome of our pedagogical approach.

Mots-clés : Préhistoire, France, Education, Pédagogie, Ecole de fouille.

Keywords: Prehistory, France, Education, Pedagogy, Excavation-school.

Notre société moderne fonctionne sur la fabrication et le recyclage d'images. Aucun média ne peut y échapper, ils contribuent à diffuser les idées reçues comme des vérités absolues. La première conséquence c'est la production d'un monde préhistorique primitif issu d'un lourd héritage de trois siècles d'aventures coloniales. Ainsi à la veille du centenaire de la société préhistorique française, il est surprenant de constater la survivance de clichés datant du siècle de Darwin. Ce traumatisme n'est pas dénué d'impact sur les reportages scientifiques modernes, si peu crédibles, qu'ils sont confondus avec des fictions (*La planète des singes*) ou d'illustres romans (*La guerre du Feu*). Même les musées témoignent de l'écart qui s'est progressivement creusé entre le grand public et les scientifiques. Il semble aujourd'hui nécessaire de s'interroger sur les moyens de soigner le portrait de l'homme préhistorique, avant que le public ne se lasse d'une partie de notre histoire. L'une des difficultés d'une telle réflexion réside dans la conception du message à transmettre qu'il est absolument nécessaire de clarifier. C'est afin d'apporter une alternative que nous nous sommes engagés sur la voie de la sensibilisation culturelle.

L'ESPRIT D'UN LIEU

Nous avons crée depuis 1996 un site de reconstitutions aux Baux de Provence consacré à l'archéologie expérimentale et à la pédagogie appliquée à la préhistoire. Il s'agit d'un site de plein air situé au cœur d'une région touristique sur l'une des communes les plus visitées de France. Malgré le paradoxe, il faut savoir que la défense de l'archéologie est une mission difficile à accomplir sur une commune dont l'économie dépend du patrimoine. En guise de réponse, nous organisons une campagne annuelle de stage estival, destinée à sensibiliser les jeunes. Le stage propose de découvrir l'organisation d'une fouille et de revivre la préhistoire grâce à des ateliers participatifs. Notre public est âgé de plus de huit ans, car l'exercice nécessite que

l'enfant soit parvenu à un stade de développement des opérations hypothético-déductives.

L'ÉVEIL À LA DÉMARCHE ARCHÉOLOGIQUE : ACTION ET CONCEPT

Le scénario de fonctionnement a été rédigé en suivant le chemin d'un vestige archéologique. Chaque jeune s'initie sur un fac-similé de fouilles aux différentes étapes de la recherche en fonction de ses capacités. Les conditions et le contexte des découvertes de terrain ont été élaborés à partir de cas concrets. Cette démarche est appliquée en confrontant l'enfant face aux mêmes problèmes rencontrés sur un véritable chantier. Ainsi, les participants sont intégrés à une équipe qui travaille sur un sol argileux, dur et quasiment stérile. La création d'un décor scientifique constitue le fondement de notre méthode. Le rituel de la mise en scène consiste à établir un ensemble de règles afin de permettre à chaque participant de connaître sa fonction et ses objectifs. Notamment, il permettra de résoudre les problèmes de motivation, de capacité et d'éviter les blocages de certains participants. L'action est dirigée par un archéologue afin d'enseigner la rigueur des techniques de recherche. Son rôle est primordial car il permet de créer les conditions d'un chantier professionnel. Cette logique a le défaut d'entretenir le malentendu afin de ne pas perdre tout l'intérêt de l'enfant.

A partir de cette trame, nous tentons de conduire les participants à s'interroger sur l'analyse du sol et l'importance du contexte auxquels appartiennent les vestiges. De ce fait, les participants sont confrontés à la découverte d'indices ténus tels que la microfaune, la couleur de l'argile ou la position de chant d'un silex pour identifier la disparition d'un manche en matière végétale. L'archéologue doit entretenir un dialogue pour mener son auditeur à effectuer des opérations de plus en plus difficiles. Il s'appuie d'abord sur ce que l'enfant est, son désir de savoir, avant de s'attacher à ce que nous voudrions qu'il sache.

L'ORIGINALITÉ DE LA DÉMARCHE

La méthode permet de responsabiliser le participant qui se sent investi d'une mission qui permettra de comprendre le passé. Néanmoins, cette tache est impossible, le poids de l'attention et des responsabilités conduisent le stagiaire à la faute. L'intérêt de l'exercice consiste donc à relever l'inaptitude du candidat. Celui-ci doit constater ses erreurs, ses lacunes et ses déceptions. Il nous semble primordial d'enseigner qu'un collectionneur n'est pas un archéologue et que la fouille est un métier. Le rôle de la fouille dans le dispositif de sensibilisation ne doit pas se confondre avec un jeu, qui risquerait d'encourager à la pratique en amateur. Nous entretenons ainsi la stratégie de l'échec, dont le but est d'exploiter tout le potentiel du participant. L'échec est une étape importante, car il peut être dépassé et même être stimulant. Bien que tout dépende de la capacité du participant à supporter sa frustration et à rebondir en se dotant de moyens pour réduire les déficiences, nous avons constaté que l'action changeait les raisons de la motivation des candidats. Ceux-ci ne sont plus à la recherche de vestiges, mais d'informations acquises par la rigueur de leur investigation.

Enfin, la finalité de l'expérience doit permettre aussi de comprendre le sol étudié. A cet effet, la deuxième partie du stage propose une visite d'un habitat grandeur nature. La visite induit une analogie avec l'habitat fouillé, permettant aux jeunes d'exprimer et de verbaliser leur compréhension du site. C'est une logique essentielle et pourtant peu utilisée, qui offre l'occasion aux participants de se réinsérer dans un dispositif spatio-temporel et d'identifier les indices découverts ou ignorés. Le travail est accompagné de démonstrations et d'ateliers participatifs afin de fixer quelques jalons chronologiques. Les séances pratiques permettent la découverte concrète d'aspects de la vie quotidienne des hommes du paléolithique au chalcolithique. Ainsi, nous proposons diverses activités telles que l'utilisation des outils de pierre, la fabrication d'un propulseur, la confection d'aiguilles en os, de pendeloques en stéatite ou le façonnage de céramique en argile…L'enfant reproduit avec beaucoup de plaisir ces témoins culturels, qui resteront à ses yeux un ensemble de repères dont il apprendra à se servir pour matérialiser ce qu'il sait. Après avoir terminé son projet, le stagiaire teste l'efficacité ou la fonction de son œuvre. La création a pour autre intérêt de laisser un souvenir physique qui sera complété par le cadeau d'un livret d'initiation à la préhistoire. La présence d'un document écrit renforce l'image pédagogique du travail auprès des parents qui trouveront dans ce document bon nombre de réponses aux questions soulevées par leurs enfants.

Depuis peu l'expérience se poursuit par une approche complémentaire au Musée d'histoire et d'archéologie des Baux. Ces séances sont consacrées aux différentes étapes post-fouilles (lavage, marquage, tri, restauration, photographie, rangement). Pour achever la présentation de l'ensemble de ce travail, nos actions didactiques offrent l'opportunité d'accroître l'intérêt des adultes et de prendre en compte, à long terme, de nouveaux publics. Il ne s'agit pas de susciter des vocations, mais d'éveiller la curiosité des enfants pour les inciter à se construire une culture en s'appropriant leur histoire.

CONCLUSION

Aujourd'hui sous prétexte d'activités pédagogiques, de nombreux sites s'équipent de bac à fouilles sans aucune réflexion déontologique. La notion de médiation que nous revendiquons doit rompre avec l'esprit du collectionneur. L'enjeu est de créer des amateurs d'archéologie et non des amateurs en archéologie.

ARCHAEOLOGY – FROM CONCEPTION TO PERCEPTION

As the French Prehistoric Society celebrates its 100th anniversary, it is surprising to see how many clichés survive from Darwin's time. More and more museums are failing to properly educate the public at large. It is important to counteract the diminishing public interest in prehistory, a science without visual images, and we must therefore ask ourselves about the potential consequences.

THE SPIRIT OF PLACE

We have reconstructed an archaeological site dedicated to promoting the archaeological experience and advancing the methods of teaching prehistory. The site is open and situated in the midst of a densely visited tourist area and town. Every summer, we organize training courses specifically aimed to explain and demonstrate archaeology to students over eight years old. The courses show how to conduct an archaeological excavation and, simultaneously, teach prehistory. Eventually, as the students become more deeply involved in their studies, parents also develop an interest.

THE AWAKENING OF AN ARCHAEOLOGICAL APPROACH: ACTION AND CONCEPT

The students are initiated into the different stages of research using a simulated excavation. Our technique is based on creating a scientific setting. The installation is in an authentic archaeological dig, and in fact, original excavations are often the model. Thus, the students face the same challenges as they would in a real dig. When the participants begin, they have to work in hard clay with no quick or easy discovery of the objects. The actual excavating is directed by an archaeologist who teaches the correct methodology and creates a simulation of a professional excavation. The students are taught to identify the objects themselves and the various chronological levels, and to understand the context in which they are found. The archaeologist continually encourages the participants to explore increasingly difficult situations;

however, to sustain their interest, the teacher must instil in the students the belief that the work is genuine. Demonstrations and interactive workshops enhance the instruction and help in establishing chronology. As the final step, the participants are allowed to visit a nearby reconstruction of the same site as the dig, and thereby visualize the entire project.

STRATEGY OF FAILURE - AN ORIGINAL APPROACH

This approach gives responsibilities to the participants who, finally, sincerely believe they have a goal of understanding the past, and that this goal can be achieved. Nevertheless, it is still difficult to keep the students' attention. To do this, the leader must make sure that full attention is focused on the work at all times and that the fewest possible errors are made. We want to instil in the participants the concept that an excavation is work, not a hobby, and that all the different aspects are connected. Not only does the site itself have to be understood, but the context too. The goal is not for the kids to have fun and love archaeology, but rather to develop an overall appreciation of the work. Today, unfortunately, many sites are equipped only with sandboxes and are set up without consideration or ethics. Ultimately, the dig must produce an understanding of the site itself, the identification of the objects found, and the context in which they are found.

CONCLUSION

We, archaeologists, must do our utmost to support our profession and its ethics. The aim is not to create just amateurs *of* archaeology, but rather amateurs *in* archaeology.

Address

Cyril Dumas
Attaché territorial de conservation du Patrimoine
Maison Cazenave
Conservation des Musées, des Monuments et des Sites
13520, Les Baux de Provence

Silence, on tourne !

© Musée des Baux

COMMUNICATIONS
COMPLEMENTAIRES

COMPLEMENTARY
PRESENTATIONS

"DE L'ART PREHISTORIQUE A L'ART CONTEMPORAIN"
"FROM PREHISTORIC ART TO CONTEMPORARY ART"

Aude LABARGE

Résumé : Depuis l'an 2000, l'entreprise "Aulame – Médiation en Préhistoire" propose des séjours intitulés "de l'art préhistorique à l'art contemporain" destines à un public scolaire de niveau primaire. Ces séjours ont pour objectif de mettre en valeur la démarche artistique et ses liens avec la science afin de nourrir une créativité personnelle et tout à fait contemporaine, la discipline préhistorique étant moteur à l'inspiration.

Les ateliers ont pour dessein de lutter contre les préjugés artistiques des époques préhistoriques, de rétablir la notion d'effort dans le travail, d'éduquer d'une part le regard à l'observation rigoureuse, d'autre part à l'analyse critique et enfin de comprendre la valorisation du Patrimoine.

Chaque élève est mis en situation avant de conceptualiser tous ces objectifs qu'ils vivent intérieurement. Une telle expérience a permis à de nombreux élèves de développer un sens critique et d'analyse…

Abstract: Since 2000, the "Aulame – Mediation in Prehistory" enterprise has provided residences called "From Prehistoric Art to Contemporary Art" for primary school children. These residences aim to stress the value of the artistic process, and its links with science, to foster individual (and contemporary) creativity: Prehistory motivating and inspiring.

Workshops tackle artistic presumptions of Prehistoric times, refresh a thirst for knowledge, instruct young eyes how to observe keenly, teach critical analysis, and, not least, give an understanding of the real worth of Heritage.

Each child is set to work before having to conceptualise all these targets that they experience inwardly. Such a process has helped numerous children develop their critical and analytical skills…

Mots-clés : Préhistoire, Art, Art contemporain, Education, Pédagogie.

Keywords: Prehistory, Art, Contemporary art, Education, Pedagogy.

INTRODUCTION

Aulame – Médiation en Préhistoire est une entreprise culturelle indépendante créée en 1999, ayant pour dessein la promotion et la diffusion de la Préhistoire auprès de publics varies (des maternelles aux publics spécialisés, groupes ou individuels). Cette entreprise s'appuie sur un riche patrimoine archéologique se situant principalement dans les Pyrénées Atlantiques (64) et Sud des Landes (40). Afin de pallier la méconnaissance de la préhistoire locale, un partenariat culturel a été pensé avec le site touristique des grottes préhistoriques d'Isturitz, Oxocelhaya et Erberua, pour lequel des actions spécifiques de médiation ont été mises en place.

Depuis l'an 2000, en partenariat avec le site d'Isturitz, des thématiques associant la Préhistoire et les Arts plastiques sont proposées aux publics scolaires, en particulier aux écoles primaires hors département. Depuis maintenant 5 ans, ce projet intitulé "de l'art préhistorique à l'art contemporain" est vendu à la région parisienne ; les élèves viennent en séjour "découverte", "patrimoine" ou "nature" dans la région basque. Le propre de cette thématique est de favoriser une rencontre entre l'art, la science et l'humain par le biais de pratiques créatrices. Cette médiation artistique et préhistorique prône la mise en valeur de la rigueur artistique (la notion d'effort) et de la sensibilité scientifique (l'utilité des sciences) par la recherche de l'humain.

Ce projet d'une durée minimale de deux jours (en moyenne de 4 à 8 jours) est un moyen d'aborder de multiples objectifs scolaires tels l'immensité du temps, l'éveil au patrimoine, la connaissance artistique, l'autonomie créatrice… L'objectif le plus essentiel reste la découverte de soi et de sa créativité par la connaissance de la démarche artistique à partir de la discipline préhistorique. Chaque séance pratique est modulable en fonction de chaque élève. Les enfants ont une autonomie dans leur création et un apprentissage du "moi qui regarde", malgré le strict cadre imposé à cette initiation plastique…

I - LES LIMITES DE L'ENSEIGNEMENT DES ARTS PLASTIQUES PRÉHISTORIQUES

1 – "Faites à la façon de…"

La volonté première fut de proposer un apprentissage patrimonial et artistique à la fois personnel et collectif afin que chaque enfant puisse stimuler ses capacités créatrices. En leur proposant des savoirs scientifiques, préhistoriques, artistiques, les élèves puisent à bon escient dans un patrimoine intellectuel et archéologique, tout en veillant à ne pas leur donner le célèbre "faites à la façon de"… Car finalement quel est l'objectif d'un tel enseignement, d'un tel stage ?

Pour les cultures du Paléolithique supérieur, trop peu d'études plastiques (voire aucune !) n'ont été menées afin de révéler la complexité de la démarche artistique préhistorique : Comment ont été conçues les œuvres, dans quel cadre ? Comment ces Hommes de la Préhistoire regardaient, observaient ? Que mémorisaient – ils ? de quelles façons ? Quelles sont leurs interrogations quant à la composition, la structuration de leurs œuvres ?... Comment construisent-ils leur création ?... Tant de questions sans réponses qui ne permettent plus la simple pédagogie du "faite à la façon de", laquelle ne traduit aucunement le savoir-faire artistique des Hommes de la Préhistoire. L'apprentissage doit être d'un autre ordre.

Un médiateur en art préhistorique est un accompagnant vers un savoir ; il ne doit pas proposer une pâle imitation d'un art produit de façon remarquable quelques milliers d'années auparavant et pour lequel seule l'image produite compterait. Le médiateur trouve ainsi sa place dans l'accompagnement vers la complexité de l'art préhistorique et des capacités créatrices de l'être humain. En éduquant les enfants à penser leur problème de création, la complexité de l'élaboration des œuvres du Paléolithique supérieur prend tout son sens. Tout le travail n'est plus dans l'histoire de l'art mais bel et bien dans sa propre expérience humaine : comment je regarde, comment je vois ? Comment je transpose artistiquement mes idées, mes observations et ma sensibilité ?... Par ce biais, l'apprentissage devient global, général puisque son propre ressenti sur des faits, des vues, des savoirs devient moteur à la création et à la prise de conscience d'une complexité artistique.

2 – L'apprentissage artistique préhistorique et ses limites

Lorsque j'ai commencé à tester les séquences indépendamment des séjours, je me suis très vite rendue compte qu'il fallait lutter contre plusieurs problèmes, que j'ai catégorisés en trois points : des problèmes liés à la méconnaissance de l'art préhistorique, des problèmes liés à la pratique artistique, des problèmes liés à l'enfant d'aujourd'hui.

a- La méconnaissance de l'art préhistorique

Beaucoup de méconnaissances et préjugés concernant l'art du Paléolithique supérieur ne permettent pas de mettre en place des activités immédiatement axées sur la valeur plastique de l'art préhistorique.

Ainsi, la complexité de l'art préhistorique n'est pas perçue auprès des publics, bien que seule l'utilisation du relief des grottes semblent être admise collectivement. Toute autre complexité est inexistante...Très souvent, l'art du Paléolithique supérieur est conçu comme un art spontané, inné... ; la notion de pâte de peinture est inexistante, les peintures sont perçues comme peu élaborées, les matières colorantes naturelles sont pourvues de "magie" et d'opportunisme ("quelle chance de trouver des colorants naturels dans la nature !" m'a annoncé un adulte en animation)... L'acte pensé et réfléchi de l'art et le choix des matériaux ne sont pas soupçonnés par les publics...

Le travail du médiateur consiste à mettre en valeur d'une part la diversité artistique (art mobilier, art pariétal),

d'autre part la complexité générale de l'art (telle la composition, les effets de perspectives, les recherches de formes...), mais aussi le savoir-faire artistique (la recherche des matériaux, leur transformation et leur préparation...). Auprès du jeune public, la prise de conscience de cette complexité passe indubitablement par une initiation artistique.

b- La pratique artistique préhistorique

L'un des problèmes majeurs auxquels les enfants sont confrontés est la peur de ne pas savoir dessiner. Etrangement, la complexité du dessin préhistorique n'est pas perçue ; l'explication donnée par les enfants est simple : les hommes de la Préhistoire pouvaient dessiner ainsi car c'était de leur époque et ils n'avaient que cette activité, sans cela, ils s'ennuyaient... Voici quelques réminiscences du XIX ° siècle !

Le problème peut-être le plus grave et malheureusement le plus courant est celui du célèbre "barbouillage préhistorique", sans âme, sans couleurs, bref sans intérêt, qui intervient en la moindre occasion, et qui malheureusement satisfait souvent ses auteurs ! Ces barbouillages de couleurs immondes, sans formes viennent conforter les préjugés artistiques plutôt que de traduire la difficulté de l'art préhistorique.

Ainsi ces différentes difficultés m'ont permis de penser une éducation rapide à la pratique artistique puisque les interventions sont toujours ponctuelles. L'idée est de restreindre au maximum les notions plastiques afin de ne conserver que l'essentiel : l'idée d'une action pensée, réfléchie et observée... Le médiateur doit conduire les élèves à penser la rigueur du travail artistique, il doit veiller à lutter contre le bâclage du "j'ai fait, ça doit aller" attribué aussi à l'acte préhistorique, et inciter l'enfant à revenir à la notion d'effort et de plaisir dans l'effort afin de travailler les arts et "produire de l'art" sans avoir aucune notion plastique !...

c- Les arts et l'enfant d'aujourd'hui

Aujourd'hui, les pratiques artistiques sont largement déclinées sous toutes les formes, en tous les sens... Mais lorsqu'on demande quels sont les processus de création, qu'est ce qu'une démarche artistique, les réponses sont floues, les idées vagues et l'art reste quelque chose d'inné, destiné à ceux qui en ont le don... Bien qu'il soit admis que chacun est artiste s'il pratique selon son imagination et s'il se laisse aller...

Or, le principe de ces stages d'art préhistorique est d'une part de comprendre que l'art ne naît pas spontanément. Nous ne naissons pas artistes, il est nécessaire de le travailler... Le médiateur se doit d'amener les enfants à cette pensée : l'art naît d'une inspiration qui doit être alimentée, quelles ques soient les époques et depuis l'origine de l'art... C'est en conséquence apprendre l'esthétisme, comprendre pourquoi et comment naît l'idée du Beau dans cc que l'on regarde. L'objectif est de guider les élèves à s'exprimer sur ce qu'ils ressentent, ce qu'ils voient et ainsi de s'approprier ses pensées et les transposer dans sa propre création. C'est aussi apprendre à se poser sereinement, s'écouter et à fonctionner calmement et méthodiquement...

Toutes ces notions peuvent être abordées dans l'apprentissage à la lecture de l'image en dissociant ce que l'on croit voir et ce que l'on voit. Un tel travail conduit à la compréhension de ce qu'est l'être humain dans son rapport au sensible.

II – EXEMPLE DE PRESTATION : " DE L'ART PRÉHISTORIQUE À L'ART CONTEMPORAIN "

Les séquences du stage "de l'art préhistorique à l'art contemporain" ont été définies en fonction du principe de la démarche artistique. Tout au long de leur séjour, les élèves rencontrent les temps rythmant la création artistique à savoir un temps d'inspiration, un temps de réflexion et de doute, un temps de maturation d'un projet personnel et de création... C'est sur cette base qu'a été constitué le séjour.

Pour chaque séance, les enfants peuvent s'exprimer grâce à un temps de débat et discussion autour des notions abordées, puis un temps d'écoute et de présentation du travail à venir, et enfin un temps de pratique préhistorique et artistique.

1 – Le temps d'inspiration

Lors de la première journée, les enfants font connaissance avec un patrimoine local que sont les grottes d'Isturitz et Oxocelhaya (64). Une visite sensitive leur est proposée afin qu'ils s'imprègnent d'un lieu préhistorique (80 000 ans de présence humaine) et qu'ils s'inspirent de la richesse sensorielle de ces mêmes espaces. En parcourant la grotte d'Isturitz, différents thèmes sont abordés tels les principes archéologiques par l'observation du gisement aurignacien en cours de fouilles, l'art pariétal par la lecture d'œuvres en bas-relief (un renne et deux cervidés) et la vie quotidienne par la mise en valeur des espaces structurés par les magdaléniens. La seconde grotte, Oxocelhaya, un espace géologique merveilleux, permet d'évoquer la place de l'art dans la Préhistoire. Afin de compléter l'aspect patrimonial des grottes, nous proposons aux enfants un temps d'écoute de la grotte. Les travaux de I. Rejnikoff sur la dimension sonore des grottes ornées et de D. Buisson sur les flûtes d'Isturitz nous permettent d'aborder la musicalité au Paléolithique supérieur.

Le rôle du médiateur est ici capital pour la compréhension d'un tel lieu car les jeunes enfants ne font pas le lien entre ce qu'ils voient, ce qu'ils vivent et ce qu'ils peuvent produire artistiquement... Riches de sensations, ils ne peuvent traduire leurs émotions plastiquement. Voilà pourquoi les séquences suivantes ont été dirigées de façon relativement académique afin de leur proposer par la suite une plus grande créativité.

Complétant la visite des grottes, les enfants s'initient à un atelier de 1h30 de peinture préhistorique. Cet atelier est sans aucun doute l'un des plus délicats à mettre en place en raison de la méconnaissance liée à l'élaboration et à la complexité des peintures du Paléolithique supérieur. Les travaux de J. Clottes, M. Menu et P. Walter sont une source primordiale pour la mise en place de cet atelier, ajouté à un savoir faire et une connaissance plastique.

Les compositions des peintures sont la base même de cet atelier. Pendant 30 minutes, est expliquée la provenance des différents matériaux de coloration, avec toucher des pigments et observation de leur transformation. Ensuite, selon une recette "préjugé" dictée par les enfants, j'élabore une pâte de peinture et nous observons ces effets. Ceux ci sont alors comparés à ce que l'on retrouve en grotte. Une réflexion est engagée à propos des similitudes et dissemblances des pâtes préhistoriques (Adhérence, homogénéité, recouvrement, texture apparente...). Suite à cette réflexion qui aboutit à une somme de problèmes, les enfants déduisent que la "pré-pâte" formée n'est en rien à mettre en relation avec les peintures préhistoriques... Nous adhérons alors à l'idée qu'il manque quelque chose... La science vient à notre secours pour nous indiquer ce qui a été retrouvé dans ces pâtes... Nous fabriquons ensemble une pâte contenant les ingrédients adéquats et comparons les effets...

Les enfants s'essaient ensuite individuellement à l'élaboration d'une pâte qu'ils appliqueront sur papier silex en figurant, à partir de pochoirs, les signes préhistoriques les plus courants répertoriés par A. Leroi-Gourhan. L'utilité du pochoir est indéniable : les enfants se concentrent uniquement sur l'élaboration de la pâte, leur problématique n'étant plus la forme à peindre. Dès lors, un tel travail demande une concentration rigoureuse et met en valeur un savoir-faire artistique.

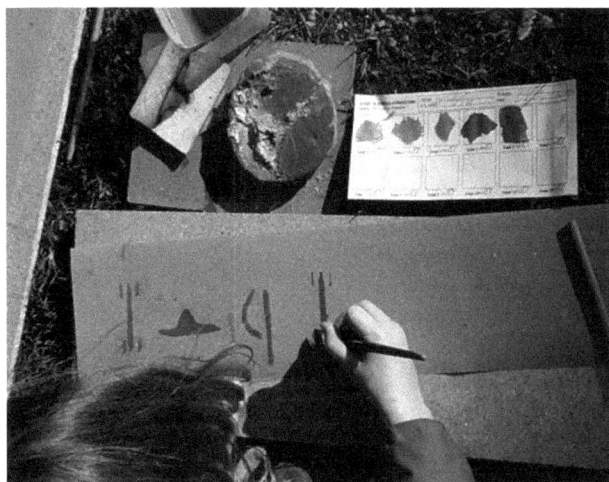

Fig 1. L'atelier Préhistoire.

A travers cette activité, à priori artistique, la démarche scientifique est travaillée dans ses principes fondamentaux : observation, déduction, interprétation. C'est tout l'intérêt de ce travail, la communion entre Science et Art...

2 – Le temps de réflexion et de doute

Les œuvres peintes sont réalisées sur plaque d'isorel, au format raisin. Etant donné la qualité du support, une préparation est nécessaire. Les enfants apprêtent le support et prennent en considération l'élément qu'ils vont marquer de leur art. Je les invite à penser à ce qu'ils souhaiteraient peindre. Souvent, le doute et la peur surviennent… Cet état est important pour la démarche artistique, puisque chaque créateur doit se nourrir, s'enrichir, puisqu'on ne naît pas artiste inspiré, mais on provoque l'inspiration… Pour qu'il y ait volonté d'inspiration, par la prise en charge du support, je fais naître un manque : l'espace blanc… Tout est alors vide de sens… Pour les plus aventureux dans l'art, ils voudront faire ce qu'ils savent déjà faire… Je leur propose alors une ouverture et je rassure les incertains…

Fig 2. La préparation du support.

Fig 3. La préparation du support.

La séquence suivante consiste à "croquer" des œuvres d'art préhistorique à partir de diapositives. Les notions plastiques engagées dans la réalisation des croquis sont la composition, la sensibilité des lignes, les jeux de plein et de vide. Toutes ces notions sont omniprésentes dans l'art du Paléolithique supérieur. D'autre part, cette séquence est intéressante pour un travail sur l'image : que vois-je ? Est-ce que j'interprète ?… La réalisation des croquis permet ainsi de fixer les éléments et de travailler sur l'orientation du regard, sur la circulation de l'œil dans l'œuvre et de lutter contre "je dessine ce que j'ai dans la tête et pas ce que je vois"… Très souvent, les enfants admettent ne pas

savoir dessiner car ils interprètent trop ce qu'ils regardent… C'est un excellent travail pour éduquer le regard, pour travailler sur l'observation et l'objectivité de ce qui est regardé. Par ce travail sur l'image, un complément archéologique peut être discuté. Il concerne l'interprétation des faits archéologiques et les principes fondamentaux de l'esprit scientifique à savoir la déduction et l'interprétation des données.

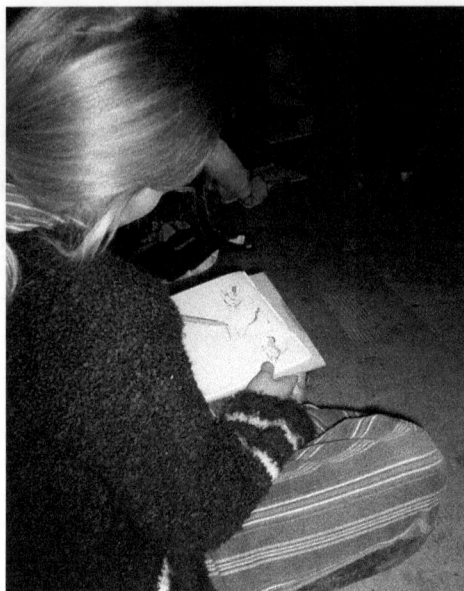

Fig 4. La réalisation du croquis.

Après avoir travaillé les croquis, chaque élève choisit son croquis privilégié et le transpose sur sa plaque d'isorel. Toute la difficulté est d'agrandir le petit croquis, en respectant la composition initiale, selon les règles du quadrillage. La difficulté est dans le repérage… Ce travail permet d'évoquer les relevés d'art, mais aussi les principes des copistes etc. c'est en général un travail qui absorbe l'attention et institue au sein du groupe une forte concentration et un agréable silence … La notion d'effort est très présente. Le médiateur doit veiller à ce que les enfants ne se perdent pas dans la transcription de leur croquis et ne se découragent pas dans ce travail technique.

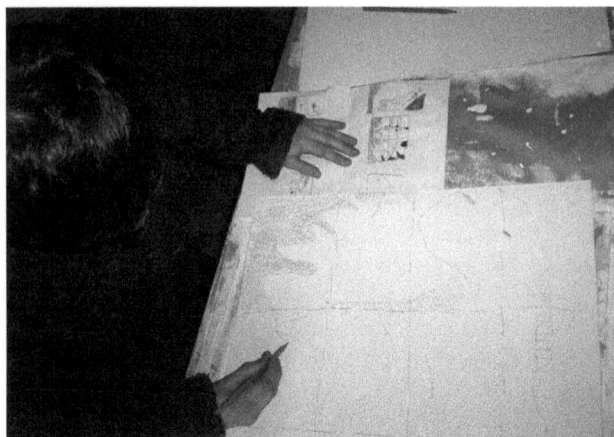

Fig 5. La transposition du croquis.

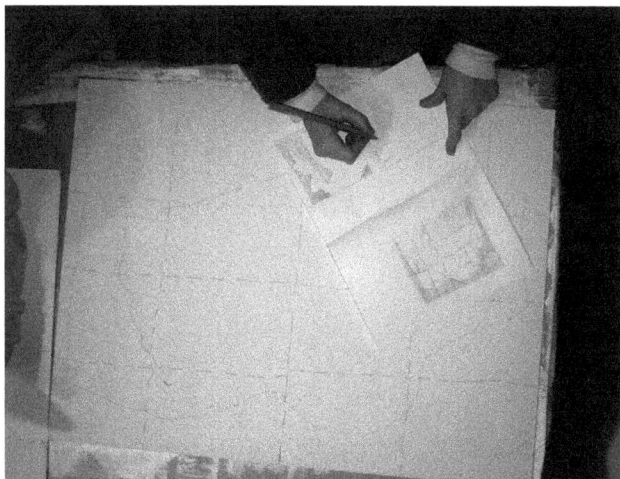

Fig 6. La transposition du croquis.

Fig 7. La transposition du croquis.

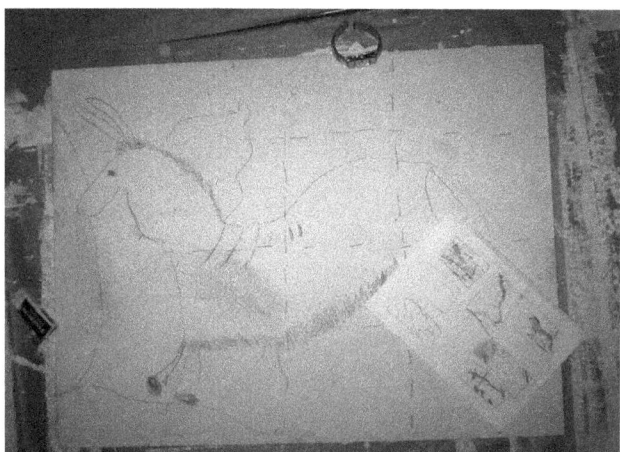

Fig 8. La transposition du croquis.

3 – La création artistique

Enfin, la mise en couleur est la dernière séance et est le moment de la plus importante action créatrice. Auparavant tout n'était que technique sans création véritablement sensible et personnelle… Après la mise en couleur totale, les enfants choisissent une couleur primaire qu'ils ont

obligation d'associer à sa couleur complémentaire (Rouge et Vert ; Jaune et Violet ; Bleu et Orange). Le fait de restreindre l'utilisation des couleurs permet de se libérer du problème des tonalités de couleurs, de l'harmonie des couleurs… Ces notions plastiques sont beaucoup trop complexes à travailler dans un laps de temps restreint. Lorsque les enfants ont peint la totalité de la surface, le jeu artistique peut enfin commencer par un travail contemporain et long sur la vibration des couleurs… Ils appréhendent l'idée de la circulation du regard dans l'œuvre… Que fait mon œil ? Où va –t-il ?

Fig 9. La peinture du fond.

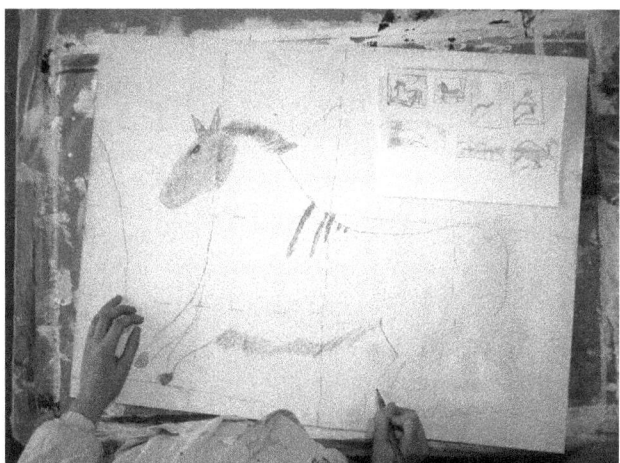

Fig 10. La peinture du fond.

Fig 11. Vibration de la couleur.

Fig 12. Vibration de la couleur.

Fig 14. Œuvre d'un élève de Cours élémentaire 2ème année.

Afin d'aider au mieux chaque enfant dans l'élaboration de sa production artistique, des moments de "critiques" artistiques sont mis en place. Le médiateur ne devient alors que l'intermédiaire au respect de l'autre et à l'écoute de chacun. Si un élève ne parvient pas à gérer son travail, il demande un moment de "critique artistique". L'élève montre son tableau aux autres et nous réfléchissons ensemble sur une critique du tableau : Comment vibre la couleur ? L'œil parcourt-il la totalité du tableau où est-il fixe ? Quels seraient les remèdes pour régler les problèmes plastiques ? Puis l'enfant repart dans son tableau, libéré car aidé, accompagné…C'est un moment très privilégié, chaque élève analyse ce qu'il ressent à la vue du tableau et conseille au mieux l'élève en difficulté temporaire. Tout est exprimé de façon objective et est fonction des éléments plastiques évoqués (la qualité de la couleur, la circulation du regard dans l'œuvre…). Il est d'ailleurs très étonnant de voir tous les encouragements que les enfants se portent mutuellement et leur esprit d'analyse se faire de plus en plus précis, aussi bien dans les mots que dans le regard porté à l'œuvre.

Les œuvres produites toutes inspirées de l'art préhistorique, sont étonnement variées et tendent pour la plupart à l'abstraction. De telles productions sont extrêmement importantes pour comprendre et expliquer l'abstraction et l'art conceptuel du XX° siècle, œuvres souvent mal perçues et comprises. "De l'art préhistorique à l'art contemporain" prend ici tout son sens : le progrès dans l'art n'existe pas, mais il évolue en fonction de choix purement humains. Le savoir-faire est présent dès l'origine de l'art…

Fig 15. Œuvre d'un élève de Cours élémentaire 2ème année.

Fig 13. Œuvre d'un élève de Cours élémentaire 2ème année.

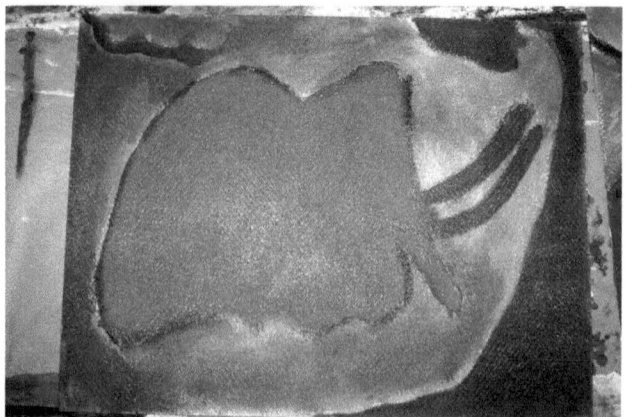

Fig 16. Œuvre d'un élève de Cours élémentaire 2ème année.

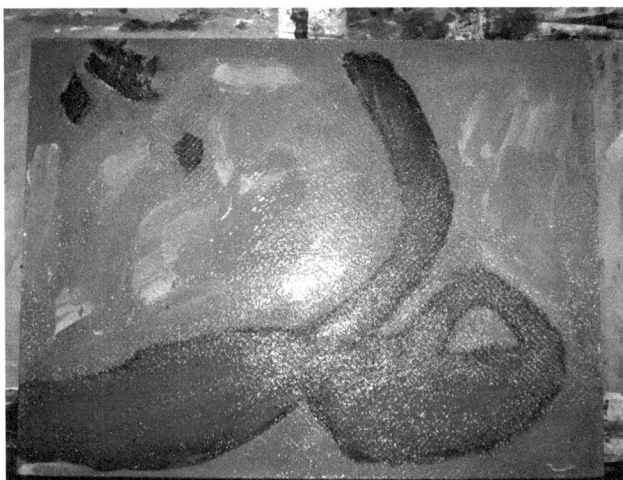

Fig 17. Œuvre d'un élève de Cours élémentaire 2ème année.

Si la durée du séjour le permet, les enfants sont invités à penser les principes d'exposition. Comment expose-t-on ? Pour quel public ? Comment défendre son œuvre auprès du public ?... Un débat discussion se met en place. Les enfants prennent conscience de la nécessité de conserver, de montrer ou proposer au regard... Mais à l'unanimité, ils souhaitent expliciter leur démarche. D'eux mêmes, ils se fabriquent leur musée, leur guide, leur petit panneau explicatif... Ils se font "avocat" de leur œuvre, et par l'expérience ils prennent conscience de ce que sont un musée, la conservation et la diffusion / transmission...

CONCLUSION

La thématique "de l'art préhistorique à l'art contemporain" est un séjour qui a bénéficié à près de 1500 enfants, tous de la région Parisienne. La richesse de ce projet trouve son origine dans la multiplicité des compétences qui sont engagées pour l'éducation de l'enfant tels le respect de l'autre, la connaissance de soi-même, le respect du patrimoine et de l'environnement, la découverte des richesses naturelles, la prise de conscience de la sensibilité et de la curiosité humaines... Associés à ces compétences humaines, des savoirs scientifiques et artistiques complètent cette éducation à la diversité culturelle tout en traversant les âges, les idées, tout en luttant contre les préjugés et les méconnaissances liées à certaines disciplines.

Ce stage s'appuie sur l'expérience pratique comme source de connaissance. Par ce biais, les enfants apprennent à

regarder un patrimoine local (les grottes d'Isturitz et Oxocelhaya et l'art pariétal), ils découvrent des sciences au service de la connaissance de l'humain (les travaux de M. Dauvois, I. Reznikoff, D. Buisson, J. Clottes, M. Menu et P. Walter, A. Leroi-Gourhan...), ils appréhendent la démarche artistique en la vivant dans son inspiration, ses joies, ses doutes et son élaboration... Ils finissent par se rencontrer eux-mêmes et mettent en valeur leur sens critique par une analyse de ce qu'ils voient. Des enseignants de CM2 m'ont affirmé qu'en fin d'année les élèves avaient totalement conservé l'esprit critique et d'analyse alors qu'ils avaient peu considéré la démarche artistique, retenue et conceptualisée que par les plus intéressés.

L'objectif ultime de ce stage art préhistorique / art contemporain est dans le fait d'accompagner l'enfant à penser, à s'exprimer, à valoriser ses propres convictions... N'est il pas plus belle démarche alors, que celle de la transmission dans l'accompagnement et le respect de l'individu ?

Address

Aude LABARGE,
Aulame – Médiation en Préhistoire
Maison Laugitea
64 640 SAINT MARTIN D'ARBEROUE

Bibliographie

BUISSON D. (1990) Les flûtes paléolithiques d'Isturitz, in *Bulletin Société Préhistorique Française*, t.87, n°10-12, p.420-432

CLOTTES J. MENU M. WALTER P. (1990) La préparation des peintures des cavernes ariégeoises, In *Bulletin Société Préhistorique Française*, t. LXXXVII, n°6, p.170-192

DAUVOIS M. (1998) Son et musique au Paléolithique, in *Pour la science*, n°253, p.52-58

LEROI-GOURHAN A. (1973) *Préhistoire de l'art occidental*, Mazenod, 3°ed., 499 p.

REZNIKOFF I. (1987) Sur la dimension sonore des grottes à peintures du Paléolithique, in *CR de l'Académie des Sciences de Paris*, t. 304, n°3, p.153-156

REZNIKOFF I. (1987) Sur la dimension sonore des grottes à peintures du Paléolithique (suite), in *CR de l'Académie des Sciences de Paris*, t. 305, n°2, p.307-310.

MISE EN PLACE D'ATELIERS PREHISTOIRE DANS UNE ASSOCIATION DE MEDIATION DES SCIENCES ET DE L'HISTOIRE DES ENVIRONNEMENTS

THE PLACE OF PREHISTORY WORKSHOPS IN A MEDIATION ASSOCIATION BETWEEN SCIENCE AND ENVIRONMENTAL HISTORY

Géraldine LUCAS

Résumé : Parmi les diverses activités proposées par l'association océan, certaines de celles-ci utilisent les données issues de la recherche en Préhistoire pour amener les jeunes à s'interroger sur des situations-problèmes et à rechercher des solutions tout en conservant un caractère ludique aux activités. Dans le cadre d'ateliers, à partir de l'observation d'images d'objets archéologiques, les enfants sont amenés à réaliser des constructions leur permettant ainsi de s'interroger sur la vie des hommes du passé.

Abstract: Among the different activities proposed by the association, some use data emanating from Prehistory research to encourage children to find their own solutions and search for answers to problems through play. In the workshops (by observing images of actual archaeological objects), children are shown how to realize constructs and are allowed put forward their own ideas about the lives of our earliest ancestors.

Mots-clés : Préhistoire, Pédagogie, Objet technique.

Keywords: Prehistory, Pedagogy, Technical objects.

L'ASSOCIATION OCÉAN

OCÉAN est une association de loi 1901 fondée en 1995 par une dizaine de jeunes universitaires bordelais ; elle constitue la cellule de transfert culturel et pédagogique des recherches menées à l'Université Bordeaux 1 (en particulier celles de l'UMR EPOC, "Environnements et Paléoenvironnements océaniques" et prochainement celles de l'UMR PACEA "De la Préhistoire à l'Actuel : Culture, Environnement, Anthroplogie"). Son équipe professionnelle est composée de six spécialistes des Sciences et de l'Histoire des Environnements. L'objectif est d'expliquer l'état des connaissances et des recherches dans le domaine des sciences de l'environnement en se faisant l'interface entre le monde scientifique et le grand public.

Les activités proposées, qui s'adressent aussi bien aux enfants qu'aux adultes, sont très diverses :

– des croisières environnementales sur la Garonne, la Dordogne et le bassin d'Arcachon durant lesquelles il est proposé, à bord, des conférences interactives[1] dont le thème est en relation avec le lieu ponctuées par des escales comportant un intérêt historique ou environnemental (illustration 1).

– des séances pédagogiques à destination des enfants sur les thèmes du fleuve, de l'océan, des climats, du patrimoine … qui peuvent se dérouler dans nos locaux (Aquaforum-Rives d'Arcins), en classe ou sur le terrain. L'enfant a la possibilité d'expérimenter pour mieux connaître son milieu (exemple d'atelier : prélèvement et observation du plancton de la Garonne (illustration 2)).

– des publications de revues pour le grand public (Terre d'Océan) et les enfants de 8 à 12 ans (Le Petit Océan) (illustration 3).

Chacun des membres de l'équipe professionnelle a une spécialité (Océanographie, Chimie de l'eau, Biologie des Organismes et des Populations, Histoire …) le plus souvent acquise au cours d'études supérieures (maîtrise, DEA, DESS voire Doctorat) qu'il met à profit au sein de l'association. C'est ainsi qu'une médiatrice a été recrutée spécialement pour concevoir, élaborer et animer des ateliers Préhistoire pour les enfants.

LES ATELIERS PRÉHISTOIRE

Dès le départ, il a été important de considérer le contexte dans lequel allaient se dérouler ces ateliers: l'association intervenait à la fois en milieu scolaire et périscolaire (associations culturelles, centres de loisirs …). Suivant ces contextes, la qualité d'écoute et la préparation de l'enfant aux activités sont très différentes ; il semblait nécessaire de proposer d'une part, des ateliers récréatifs visant des enfants souvent curieux mais en période de détente et, d'autre part, des ateliers pédagogiques répondant aux attentes des enseignants.

Les ateliers récréatifs sont conçus comme le moyen d'éveiller l'intérêt d'enfants peu ou pas préparés sur la Préhistoire. Ils prennent la forme de jeux (domino, loto …) ou d'activités manuelles (fabrication d'une canne à pêche préhistorique). L'activité en elle-même a finalement peu d'importance, elle n'est qu'un prétexte pour débuter une discussion sur les hommes de la Préhistoire et évaluer ce qu'ils savent, ou non, à ce propos. L'aspect ludique du jeu

---

[1] ou des ateliers scientifiques de découverte du milieu dans le cadre de sorties scolaires sur la péniche.

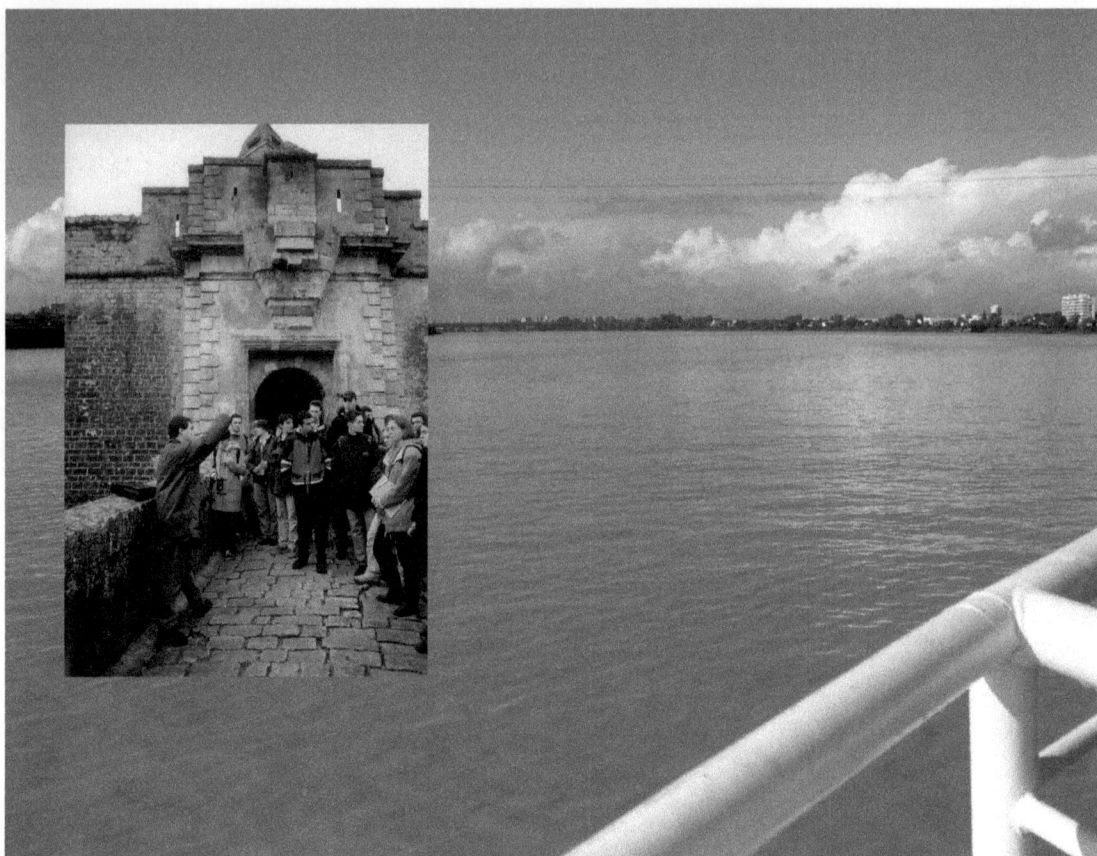

Illustration 1 : Croisière environnementale sur la Garonne et l'estuaire de la Gironde avec une escale dans la citadelle de Blaye (photo Océan).

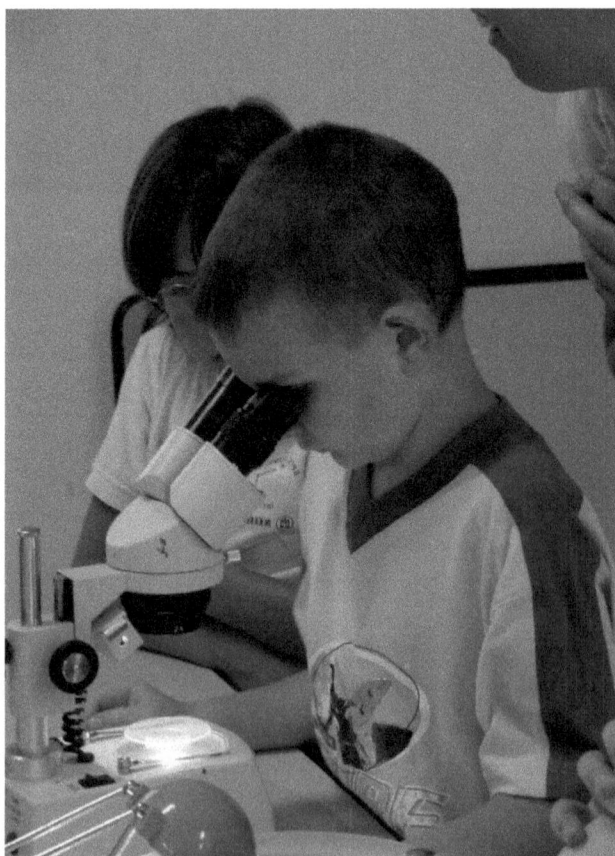

Illustration 2 : Exemple d'atelier scientifique, prélèvement et observation du plancton sous la loupe binoculaire (photo Océan).

Illustration 3 : Les revues Océan.

ou du bricolage permet ainsi de capter plus facilement leur attention.

EXEMPLE D'ATELIER RÉCRÉATIF[2]

La séance débute avec une discussion, agrémentée de fiches illustrées ou d'un court diaporama, permettant de faire la mise au point sur ce qu'ils savent déjà et sur les connaissances qu'implique cet atelier (mode de vie, techniques de subsistance, les indices archéologiques témoignant d'une activité de pêche : art, restes osseux de poissons, objets techniques (illustration 4)). Vient ensuite la présentation des matériaux utilisés qui est l'occasion pour eux de manipuler des matières plus ou moins connues (fil de lin, écorce de pin ou de chêne-liège ...) et de constater l'étroite relation de l'homme de la Préhistoire avec la nature et ses produits. L'assemblage des différents éléments (la canne en baguette de noisetier par exemple, la ligne en lin, le flotteur en écorce, le lest (galet) et enfin l'hameçon en bois[3]) est souvent l'occasion d'apprendre à

faire des nœuds(!) (illustration 5). L'enfant a l'occasion de manipuler également un biface ou un racloir, véritables "ciseaux préhistoriques", pour couper le fil de lin. Une fois la canne à pêche assemblée, il est important d'expliquer le fonctionnement de l'hameçon droit et de faire remarquer son ingéniosité ; le moyen le plus simple a été l'utilisation d'une bouteille vide symbolisant le poisson pêché (illustration 6). Pour finir, il est distribué aux enfants deux types de documents :

– un questionnaire illustré, très court, leur permettant d'évaluer leurs nouvelles connaissances (illustration 7),

– des jeux instructifs du style rébus ou anagramme en relation avec le thème de la pêche permettant un prolongement de la séance et facilitant la mémorisation de quelques mots clés (illustration 8),

Ils repartent ensuite, et non sans fierté, avec la canne à pêche qui marque concrètement la rencontre (quelques fois une des premières) de l'enfant avec le monde de la Préhistoire et sert également de vecteur de communication auprès des adultes.

ATELIERS PÉDAGOGIQUES

Pour des raisons diverses, les ateliers pédagogiques sont encore à l'état de projet. L'objectif de base de ces ateliers

---

[2] L'atelier "canne à pêche préhistorique", conçu au départ comme activité strictement récréative fonctionne finalement aussi bien en milieu scolaire que périscolaire puisque le discours du médiateur fait appel à des notions du programme scolaire (le nomadisme par exemple).

[3] pour plus de commodité, l'os n'est pas utilisé mais évoqué au début ; ce choix est l'occasion de parler des problèmes de conservation des matières organiques.

Illustration 4 : Vertèbres de saumon actuel utilisées pour illustrer les vestiges archéologiques en relation avec la pêche ; leur manipulation est l'occasion d'évoquer les informations que ces objets peuvent fournir à l'archéologue (espèce de poisson pêché, saisonnalité …) (photo Océan).

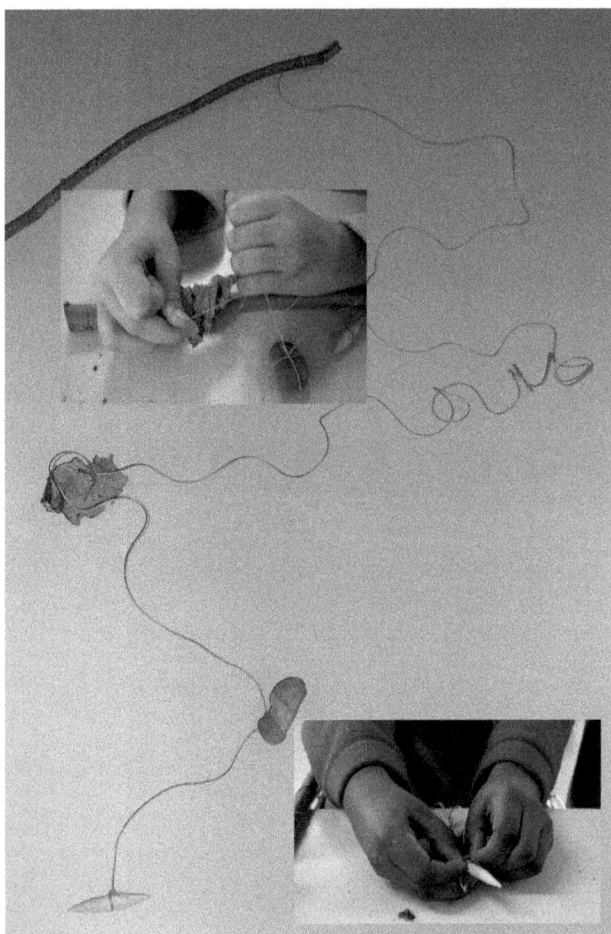

Illustration 5 : Montage de la canne à pêche "préhistorique" (photos Océan)

est de guider pas à pas les jeunes dans la démarche scientifique de l'archéologue. La Préhistoire bénéficie et souffre en même temps d'une image très médiatisée faisant fortement appel à l'imaginaire et mettant à mal, dans l'esprit du public, la réalité de la démarche scientifique de la discipline. Ces ateliers seraient l'occasion pour les enfants d'acquérir cette démarche scientifique[4] indispensable

_____

[4] en dehors du contexte des sciences plus classiques dites dures avec lesquelles certains enfants sont en échec.

Illustration 6 : Dispositif permettant d'expliquer le principe d'utilisation du hameçon droit (photo Océan).

technologie lithique, osseuse, la tracéologie, l'archéo-zoologie, la palynologie ... Ces activités impliquent une mise en place plus lourde (constitution de plusieurs mallettes pédagogiques) pour le médiateur mais également pour l'enseignant dans son travail de préparation avec la classe pour introduire les mots clés et les notions de base indispensables. Un atelier de ce type concernant l'étude scientifique des pierres taillées est en cours d'élaboration à Océan.

Le principal problème que rencontre l'association OCÉAN dans la mise en place de ces activités Préhistoire est la lisibilité pour le public et les enseignants en particulier : la Préhistoire est "noyée" dans la diversité des thèmes que nous proposons. Dans la région bordelaise, OCÉAN commence à être connu pour ses ateliers en relation avec l'eau, l'environnement du fleuve et de l'estuaire. Grâce aux séances du mercredi et du samedi après-midi où sont reçus gratuitement les enfants, il est facile de proposer des ateliers-jeux sur la Préhistoire mais en revanche lorsque des enseignants nous contactent pour monter un projet c'est rarement pour un projet en relation avec la Préhistoire. C'est un problème auquel l'association essaye de remédier en établissant un réseau de contacts avec des structures (services archéologiques départementaux, DRAC, musées ...) qui sont directement sollicitées pour ce type de projet ; l'intention d'OCÉAN étant de proposer des ateliers spécifiques mais néanmoins complémentaires de ceux conçus par ces autres structures.

à notre époque et de comprendre de quelle façon l'information archéologique récoltée à la fouille est décortiquée pour être ensuite interprétée en termes de mode de vie ...

Certains ateliers pédagogiques existent déjà par ailleurs avec en particulier le module de fouille d'Archéolud conçu par Serge Maury (Conseil Général de Dordogne). L'idéal serait de développer à présent des ateliers pédagogiques "de laboratoire" faisant intervenir des spécialités comme la

Address

Géraldine Lucas
Docteur en Préhistoire de l'Université Bordeaux 1
Médiatrice scientifique et culturelle de l'association OCÉAN
2, rue Sarrette, 33 800 Bordeaux
geraldine.c.lucas@wanadoo.fr
http://www.ocean.asso.fr

Il est possible de fabriquer une canne à pêche telle que les hommes préhistoriques l'auraient fait, c'est-à-dire avec des matériaux collectés dans leur environnement naturel :

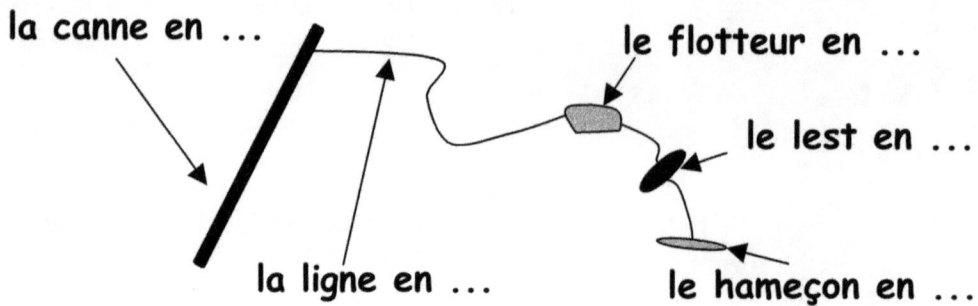

la canne en ...

le flotteur en ...

le lest en ...

la ligne en ...

le hameçon en ...

Parmi les objets suivants, quels sont ceux que l'archéologue a pu retrouver en fouillant?

☐ des hameçons en bois

☐ des hameçons en os

☐ un flotteur en plastique

☐ des arêtes de poisson

Illustration 7 : Extrait d'un questionnaire d'évaluation.

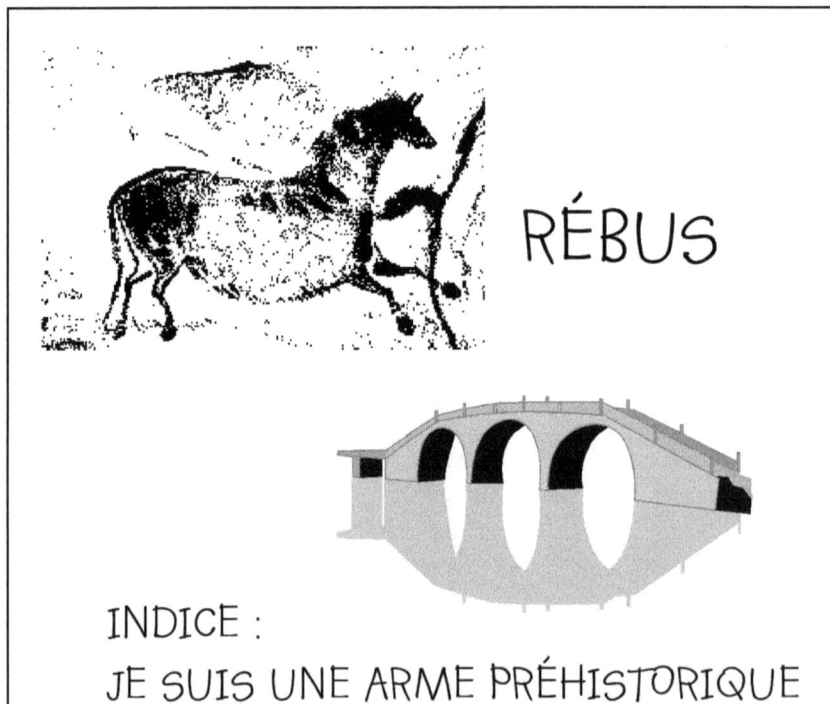

RÉBUS

INDICE :
JE SUIS UNE ARME PRÉHISTORIQUE

Illustration 8 : Exemple de jeu instructif permettant de réutiliser
des mots clés acquis au cours des ateliers.

LES TECHNIQUES DU FEU,
UN SUPPORT PEDAGOGIQUE A GEOMETRIE VARIABLE
FIRE TECHNIQUES, A MULTI PEDAGOGIC SUPPORT

Christophe SENCE

Résumé : La technique de production du feu est choisie comme prétexte pour faire comprendre la méthode hypothético-déductive, essence de la démarche scientifique. Les enfants sont placés en position de chercheurs, ils formulent des hypothèses, réalisent des expériences, tirent des conclusions et présentent leurs résultats à leurs camarades dans le cadre d'un petit colloque.

Abstract : Technique of fire production is chosen as a pretext to explain hypothetical and deductive method, main point of scientific approach. Children are placed in position of researchers, they express hypothesis, realize experiences, have conclusions and present their results in front of their friends during a conversation.

Mots-clés : Préhistoire, Pédagogie, Méthode hypothético-déductive, feu.

Keywords : Prehistory, Pedagogy, Hypothetical and deductive method, fire.

INTRODUCTION

Il est traditionnellement présenté en médiation deux méthodes pour produire du feu : la friction et la percussion. La première consiste à frapper deux pierres l'une contre l'autre, en général il s'agit d'un morceau de silex (bien qu'une autre roche dure puisse potentiellement faire l'affaire) et d'une pyrite de fer ou marcassite. La seconde méthode met en action deux morceaux de bois que l'on va frotter l'un contre l'autre afin d'obtenir un échauffement. Cette méthode se décline en différentes techniques bien identifiées par l'ethnologie. Nous n'énumérerons pas ici ces différentes techniques ni les multiples moyens de réussir à produire le feu, d'autres ouvrages récents comme "Le feu avant les allumettes" de Jacques Collina-Girard remplissent déjà très bien cet office.

Le propos de cet article est de montrer que les techniques du feu sont un support pédagogique idéal pour présenter à la fois une démarche scientifique (formulation d'hypothèses et validation par l'expérience), le travail de l'archéologue dans son laboratoire et des informations plus "brutes" relatives à la préhistoire de l'homme.

Notre atelier sur les techniques du feu, d'une durée de deux heures, tente d'allier ces trois approches.

ALLER PLUS LOIN QUE LE SIMPLE " DÉMONSTRATIF "

De nombreuses manifestations destinées à un large public permettent de présenter, entre autres, les différentes méthodes d'allumage du feu. Dans le meilleur des cas, l'animateur, après une discussion avec le public, procède à une démonstration. S'il ne faut pas se priver de ce type de manifestations pour sensibiliser un large public, il est néanmoins possible d'aller plus loin et d'utiliser ces méthodes avec un but pédagogique plus approfondi.

Nous avons eu maintes fois l'occasion de présenter ces méthodes d'obtention du feu à travers des "ateliers" participatifs destinés au jeune public, que ce soit dans un contexte scolaire ou de loisirs, les tranches d'âge variant de 7 à 16 ans. Nous ne prétendons pas, bien entendu, être les premiers à pratiquer ce type d'atelier. Notre but consiste simplement à "formaliser" dix ans d'expérience dans le domaine de la médiation, dix ans consacrés à la recherche d'un outil pédagogique complet.

L'ATELIER " TECHNIQUES DU FEU " POUR UN GROUPE D'ENFANTS

En préambule à cette présentation, nous indiquerons juste que l'atelier qui est présenté ici est un modèle "abstrait" qui se doit d'être modulé en fonction du contexte : groupes de scolaires, centres de loisirs ou groupes d'enfants volontaires comme l'on peut en avoir lors de stages.

Nous présentons cet atelier sous forme de séquences pédagogiques afin de mieux faire ressortir les nombreuses articulations.

Séquence 1 : le bilan des connaissances 10 mn

La première séquence est très importante pour l'animateur, c'est le moment de la prise de contact avec le groupe. Il faut, en quelques questions, évaluer le niveau de connaissances des enfants. A travers un jeu de questions-réponses, un certain nombre d'informations générales sur le thème vont être évoquées : qui "découvre" le feu ? Qui le produit ? Quels sont les bénéfices de la maîtrise de cette énergie nouvelle (éclairage, chaleur, cuisson, etc…) ? Où et quand apparaissent les plus anciens foyers ?

On parle régulièrement de "domestication" du feu par l'homme : peu clair pour un adulte, ce concept est opaque pour un enfant. Il est alors important "d'éclairer" l'enfant par un jeu de vocabulaire entre "domestiquer" le feu et "produire" le feu. Dans l'échange verbal qui suit, nous posons la question finale : "comment peut-on produire le feu ?"

L'inévitable phrase "on frotte deux silex ou deux pierres" apparaît toujours, ainsi que celle associant deux bouts de bois. Gardons l'idée des bouts de bois pour plus tard et passons à la séquence 2.

Séquence 2 : La démonstration par percussion 15 mn

Après une première phase d'échange verbal, il est temps de sortir le briquet à percussion. De quoi est-il composé ? Comment fonctionne-t-il ? Avec quoi ? Pourquoi et comment le sait-on ? C'est dans cette séquence que l'on va pouvoir plus précisément discuter du travail de l'archéologue et du rôle de l'expérimentation en tant qu'outil de validation d'hypothèses. Il est important de faire comprendre à ce stade de l'atelier qu'une idée reçue du type "on fait du feu avec deux silex" peut et doit être confirmée ou infirmée par une expérience.

Séquence 3 : comment faire du feu autrement ? 30 mn

Après la démonstration de la séquence précédente, on amène les enfants à émettre des hypothèses sur l'existence d'autres méthodes pour faire du feu.

Un certain nombre d'enfants vont ainsi produire des hypothèses : On frotte deux bâtons, une pierre et un bâton, un bâton sur le sol, sur de la paille, etc…

Chaque enfant émettant une idée devient alors "Chef de laboratoire" et doit créer une Unité Mixte (filles et garçons) de Recherche. Les groupes étant faits, chaque laboratoire va travailler sur la théorie de son responsable. Bien entendu, il est nécessaire de passer plusieurs fois dans chaque groupe.

Séquence 4 : Le colloque et le retour au laboratoire. 30 mn

Chaque laboratoire présente le résultat de ses travaux devant les autres groupes lors d'un "colloque". Cette phase de l'atelier est très importante car elle permet d'échanger des informations pour avancer et suscite le débat ! Les laboratoires qui ont obtenu les meilleurs résultats vont permettre aux autres groupes de travailler sur les mêmes idées qu'eux. Les groupes les plus en difficulté abandonnent à cette occasion des idées qui risquaient de les mener à l'impasse… L'ensemble des laboratoires retourne alors travailler sur les idées scientifiques les plus en vogue. Dans la très grande majorité des cas, un groupe, au moins, finit par trouver une technique qui fonctionne. Il est alors temps de passer à la synthèse des différentes équipes et à la démonstration technique de l'animateur.

Séquence 5 : La démonstration de la méthode par friction 15 mn

Elle permet de faire la synthèse de toutes les informations en reprenant les travaux de chaque laboratoire, elle permet également de remotiver les groupes par trop désespérés par leurs résultats… Cette synthèse des différentes techniques par friction est aussi l'occasion de faire un voyage ethnographique, voyage qui permet de rappeler que l'archéologie est avant tout une science pluridisciplinaire.

Séquence 6 : retour à la manipulation 10 mn

Si le temps le permet, il est bon de permettre aux enfants de retourner par groupe manipuler différentes techniques de manière libre.

CONCLUSION

Voici donc comment, dans notre pratique quotidienne, nous utilisons les techniques du feu comme support pédagogique à entrées multiples. Il ne s'agit pas ici, cela va de soi, de publier une "recette de cuisine". Chaque médiateur a sa façon de présenter les choses. Cet article est juste une petite illustration des multiples possibilités pédagogiques que peut apporter le savoir technique en préhistoire. Le geste reconstitué n'est pas une fin en soi, il est le fruit d'une recherche qu'il ne faut surtout pas mettre de côté. Bien au contraire, utilisons ces gestes si prisés par les différents publics pour réintroduire la notion de science souvent laissée de côté au profit de la démonstration technique.

Bibliographie

COLLINA-GIRARD J. (1998) *Le feu avant les allumettes.* éd. Maison des Sciences de l'Homme, Paris. 149 p.

Collectif (1987) *Le feu apprivoisé.* Musée de Préhistoire d'Ile-de-France. Catalogue d'exposition.

GOULETQUER P. (2001) Diffusion scientifique et archéologie, réponse imparfaite à J. Pélegrin *Education et Patrimoine en Sud-Lochois. Stage Médiation et Animation archéologiques en milieu scolaire et périscolaire.*

LEROI-GOURHAN A. (1943), *L'homme et la matière, le feu.* Albin Michel coll. Sciences d'aujourd'hui, pp.65-74,

MAURY, S ; RIEU J-L (1999) Animation ou médiation ? question d'objectif in *Les nouvelles de l'archéologie* N° 77, 1999.

MARQUET J-C (2001) L'archéologie préhistorique, un support pour faire accéder à la démarche scientifique. Un exemple. Inédit. *Education et Patrimoine en Sud-Lochois. Stage Médiation et Animation archéologiques en milieu scolaire et périscolaire.*

PARMENTIER J. (2003), *Faire du feu comme nos ancêtres* éd. Eyrolles. 120 p.

PELEGRIN J. (1998) Animations archéologiques et démonstrations, intérêt éducatif : limites et dangers. *Education et Patrimoine en Sud-Lochois. Stage Médiation et Animation archéologiques en milieu scolaire et périscolaire.*

Fig 1. Introduction

Fig 3. Faire du feu par friction

Fig 2. Bilan des connaissances

Fig 4. Faire du feu par friction en utilisant un archet

UN OUTIL PEDAGOGIQUE POUR LA COMPREHENSION DE LA METHODE HYPOTHETICO-DEDUCTIVE

A PEDAGOGICAL TOOL FOR UNDERSTANDING OF HYPOTHETICO-DEDUCTIVE METHOD

par Jean-Luc RIEU

Résumé : L'exercice consiste à enrichir un plan muet à partir des indications données par l'archéologue. A la fin du travail, l'enfant devra formuler des hypothèses concernant le site dont on a la représentation.

Abstract: The exercice consists in enriching a mute plan with informations given by the archaeologist. At the end of the work, the child will have to formulate hypothesis on the site about which we have a representation.

Mots-clés : Prehistoire, Pédagogie, Fouille, Démarche scientifique.

Key-words : Prehistory, Pedagogy, Excavation, Scientific process.

Le principe de cet outil pédagogique repose sur la construction par l'enfant d'une méthodologie hypothético-déductive telle qu'elle est appliquée en archéologie.

Ce principe pédagogique avait été largement développé lors de la création du premier module de fouilles expérimentales en 1987 par le service départemental d'archéologie de Dordogne en marge du colloque de Chancelade. Depuis, plusieurs structures ont utilisé ce module, l'ont copié, adapté, mais il reste lourd à mettre en application et relativement cher si l'on souhaite ne l'utiliser que quelques fois par an.

C'est dans l'urgence d'assurer une animation sur le thème de l'habitat en partenariat avec la maison de l'environnement de Seine-et-Marne (confrontation habitat contemporain / habitat préhistorique) qui ne pouvait durer qu'une heure, que j'ai conçu cet outil pédagogique qui reprend les principes du module de fouilles, tout en n'en étant pas un.

Déroulement pour un groupe d'une dizaine d'enfants, de 7 à 12 ans.

Sur un tableau est écrit : "la méthode hypothético-déductive", titre qui est lu avec les enfants, et qui va cadrer l'animation sur ce sujet. Si ces mots compliqués, restent incompréhensibles et énigmatiques pour les enfants, la suite de l'animation, très ludique, va permettre aux enfants sans qu'ils s'en rendent compte, de construire une réflexion hypothético-déductive, et ce n'est qu'à la fin que l'on reviendra sur cette terminologie afin de recadrer l'animation.

La deuxième étape consiste pour les enfants à colorier un plan muet, où ne figure qu'un code de couleur (voir exemple). Progressivement, en coloriant, l'enfant voit apparaître des concentrations, des formes, des structures, qui bien souvent l'amènent à s'interroger et à formuler des hypothèses : "s'agit-il d'un plan de fouilles ? ; quelle échelle de dimension ?, à quoi correspond telle ou telle couleur ?, s'agit-il d'os ou de pierres ? …"

Petit à petit, le dessin se structure ainsi que l'esprit de l'enfant. Le travail en commun du groupe permet de "repêcher" un enfant perdu qui n'aura pas compris l'échelle du plan ou aura fait une erreur d'interprétation.

La troisième étape va consister à positionner sur un sol carroyé, les objets figurant sur le plan, afin d'avoir une vision en 3 dimensions. L'idéal (?) serait d'avoir les objets à l'échelle 1 et de reconstituer un sol comme s'il venait d'être fouillé. Ici les objets sont au $1/10^{ème}$ et c'est une maquette de sol qui est utilisée. Celle-ci à l'avantage de demander peu de surface, offre une vision plus globale qu'un sol grandeur nature et permet aussi plus facilement de construite une élévation.

Cette étape permet à l'enfant d'appliquer des notions d'échelles différentes, de repérage dans l'espace, de visualiser et concrétiser son plan de départ.

Enfin, il va falloir déduire de ce sol les activités qui s'y sont déroulées, retrouver des bribes de vie des populations qui y ont séjourné, la composition sociale du groupe préhistorique et définir son mode de vie. Il est possible aussi d'aborder les notions d'enfouissement des vestiges, de conservation différentielle, des méthodologie de fouilles et d'appréhender des notions de protection du patrimoine.

Animer ce type d'outil oblige l'animateur à rester distant et ne pas vouloir apporter trop tôt les réponses. Celles-ci doivent venir de l'enfant, il faut juste veiller et rectifier les éventuelles erreurs, aiguiller l'enfant afin de rester dans les objectifs que l'on s'est fixés au départ.

Dans bien des cas l'animation ouvre sur tout un tas de questionnements, c'est le cas ici aussi, mais elle a un cadre, où comme en poésie, les derniers vers du couplet renvoient à ceux du premier.

Jean-Luc Rieu, attaché de conservation, Musée de Préhistoire d'Ile-de-France, Nemours.

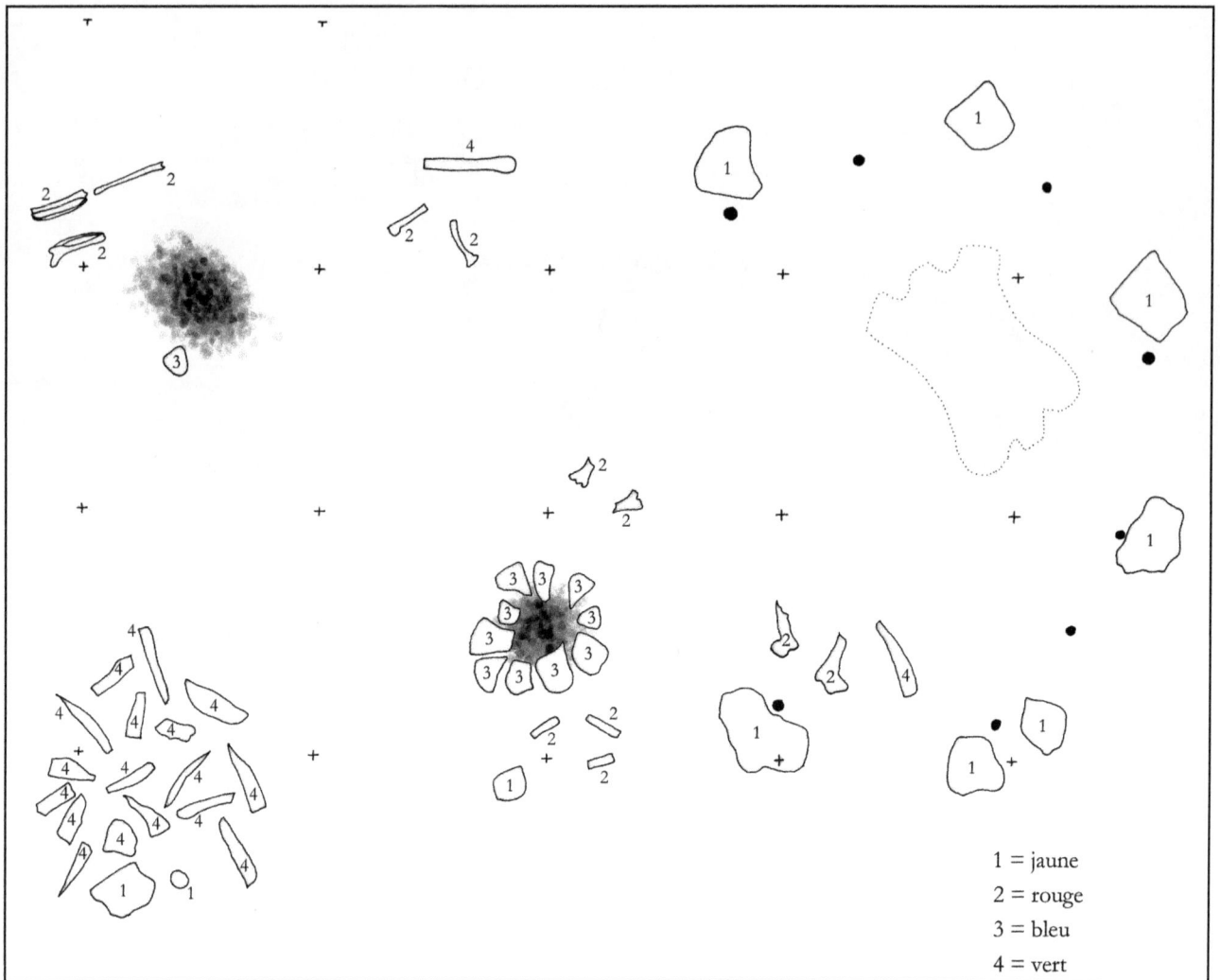

Musée départemental de Préhistoire d'Ile-de-France, Nemours

1 = jaune
2 = rouge
3 = bleu
4 = vert

ANNEXES

ASSOCIATION DES ARCHEOLOGUES EUROPEENS CODE DE DEONTOLOGIE POUR LA RECHERCHE ET L'ACCUEIL DE STAGIAIRES

La formation pratique devrait seulement être entreprise par ceux qui sont compétents à fournir une formation particulière (par exemple : prospection, fouille, mesures géophysiques, travail de laboratoire). Où cela est possible, ils devraient avoir été reconnus par un diplôme professionnel attestant de leur compétence.

La documentation fournie aux participants et aux participants potentiels devrait énoncer clairement:

1) Qui sont les gens compétents susceptibles de conduire le projet et quelles sont leurs qualifications professionnelles et de formateurs ?

2) Quelle formation spécifique sera offerte (par exemple : découverte de terrain, travail de recherche, dessin, etc…) et à quel niveau (où cela peut-être défini, par exemple, quel est le niveau de compétence demandé par un Institut d'Archéologie) ?

3) L'âge du site et sa nature.

4) Quelles catégories d'étudiants ou de bénévoles seront recrutés. Cela peut varier de personnes pour lesquelles le projet est un travail de vacances avec un but éducatif, des scolaires envisageant d'étudier l'archéologie à l'Université, des étudiants accomplissant des stages pour leur cursus, ou des jeunes professionnels cherchant une formation professionnelle. Tous ces groupes ont des besoins très différents.

5) Quelles sortes d'étudiants ou de bénévoles seront recrutés (par exemple. le niveau de leurs expériences précédentes, ceux qui ont des incapacités, les restrictions d'âge, etc.) ?

6) La voie dans laquelle l'enseignement sera réalisé, de préférence avec un programme préétabli (par exemple : conférences, formations sur le site, documentation sur le site, encadrement par des moniteurs compétents, etc.) ?

7) Les proportions de personnel compétent par rapport aux étudiants ?

8) Une annonce des méthodes qui seront employées, avec là où c'est possible des références spécifiques aux manuels et aux livres de texte.

9) Une indication sur la longueur du cours.

10) Des informations claires sur les conditions de vie, l'assurance personnelle, les risques, l'équipement à se procurer, etc.

Le projet devrait être parfaitement assuré pour les accidents, les indemnités professionnelles, etc. Il devrait respecter les normes légales de Santé et Sécurité, par exemple pour ce qui est des conditions de travail, l'utilisation de vêtements protecteurs, la formation à la première assistance et la disponibilité de trousses de premiers secours. Chaque membre de l'équipe devrait connaître ce qu'il a à faire en cas d'urgence, par exemple les numéros de téléphone de services médicaux, où trouver l'hôpital ou le docteur local.

Les projets de terrain devraient se conformer aux exigences légales du pays dans lequel ils sont exécutés (par exemple pour des autorisations, pour l'accès légal au terrain, pour le dépôt des découvertes et des archives, pour la publication, etc.). Cela aussi entraînerait normalement comme conséquence, un risque dû aux règlements officiels. Cela serait lié à l'environnement politique et social local dans lequel le travail serait exécuté (par exemple les étudiants ne devraient pas avoir un accès privilégié aux sites dont la population locale est exclue).

Il est de la responsabilité du participant de s'inquiéter des langues qui sont pratiquées pour la formation et de s'assurer qu'il les possède suffisamment pour participer pleinement.

Etant donnée la rareté des sites archéologiques, ceci dû au soucis de leur préservation, et au fait qu'ils ne devraient pas être détruit simplement pour fournir un lieu de formation, il est préférable de choisir des sites menacés ou bien ceux où il y a un intérêt pour une fouille de sauvetage plutôt que les sites non menacés.

Les sites devraient être choisis en fonction du niveau de formation à donner, par exemple les débutants ne devraient pas commencer sur des sites difficiles et dont la stratigraphie est compliquée.

Les étudiants ne devraient pas être exploités. La formation sur chantier de fouilles ne devraient pas être employés simplement comme un moyen de financer la recherche; également ils ne devraient pas être employés comme un moyen de saper les activités professionnelles, par exemple en faisant à des prix cassés des fouilles de sauvetage et celles-ci devraient être convenablement placées sous la législation de l'Etat et du programme européen.

Tout certificat délivré devrait l'être par une institution reconnue, par exemple par une université, un musée, un corps de professionnels, etc…

Les participants devraient être interrogés pour une évaluation de leurs expériences, et leurs plaintes et suggestions prises en considération d'une manière correcte. Là où cela est possible, celles-ci devraient être remises à l'institution garante des règles à observer.

Tout participant devrait être informé du lieu où il peut déposer une plainte formelle s'il n'est pas satisfait de la formation et du traitement qui lui a été réservé (par exemple un institut professionnel, une université, etc…).

EUROPEAN ASSOCIATION OF ARCHAEOLOGISTS CODE OF PRACTICE FOR FIELDWORK TRAINING

Practical training should only be undertaken by those competent to provide the particular training offered (e.g. field survey, excavation, geophysics, laboratory expertise). Where possible they should have recognised professional documentation of their competence.

Documentation provided to participants and potential participants should state clearly:

1) Who are the competent people running the project and their professional and training qualifications;

2) What specific training will be on offer (e.g. field walking, excavation, finds processing, drawing, etc.), and to what level (where this can be defined, e.g. under the Institute of Archaeologists proposed levels of competence);

3) The date of the site and its nature.

4) Which categories of student or volunteer are being catered for. This can vary from people for whom the project is a working holiday with an educational aim, school children wondering whether to study archaeology at university, students fulfilling requirements for the courses, or young professionals seeking professional training. All these groups have very different needs.

5) What kinds of students or volunteer are being catered for (e.g. the level of previous experience, those with disabilities, age restrictions, etc.).

6) The way in which teaching will be carried out, preferably with a defined programme (e.g. lectures, on-site training, site documentation, mentoring by competent workers, etc.).

7) Ratios of competent staff to students;

8) A statement of the methods to be used, where possible with specific reference to manuals and text books;

9) A guide on the length of the course.

10) Clear advice on living conditions, personal insurance, hazards, equipment to be provided, etc.

The project must be fully insured for accidents, professional indemnity, etc. It should maintain legal standards of Health and Safety, e.g. in working conditions, protective clothing, first aid training, provision of first aid kits. Every member of the team should know what to do in an emergency, e.g. telephone numbers of medical services, where to find the local doctor or hospital.

Field projects should conform to the legal requirements of the country in which they are carried out (e.g. for permits, legal access to land, deposition of finds and archives, publication, etc.). This will also normally involve carrying out an official 'Risk Assessment'.

There should be concern for the local social and political environment in which work is being carried out (e.g. students should not be seen to have privileged access to historical sites from which local people are excluded). It is the responsibility of the participant to enquire what are the working languages for the course, and ensure that they have sufficient command to participate fully.

Given the limited nature of the archaeological resource, due concern should be given to its preservation, and it should not be destroyed merely to provide training. Preferably sites which are threatened or where there are pressing research interests should be chosen rather than unthreatened sites.

Sites should be chosen which are suitable for the level of training being given, e.g. beginners should not start on complex and difficult deeply stratified sites.

Students should not be exploited. Training excavations should not be used merely as a way of financing research; equally they should not be used as a means of undermining professional activities, e.g. by offering cut-price rescue excavations where these should be properly funded under state and European planning legislation.

Any certificates given out should be endorsed by a recognised institution, e.g. a university, museum, professional body, etc.

Participants should be asked for feedback on their experiences, and proper consideration be taken of complaints and suggestions. Where possible these should be passed on to the relevant institution overseeing the standards.

Any participants should be informed where they can make formal complaints if they are dissatisfied with their training and treatment (e.g. the professional institute, university, etc.).

EXTRAIT DE LA CONVENTION DE MALTE

**Convention européenne pour la protection du patrimoine
archéologique signée à Malte le 16 janvier 1992.**

Définition du patrimoine archéologique

Art. 1.

2. À cette fin, sont considérés comme éléments du patrimoine archéologique tous les vestiges, biens et autres traces de l'existence de l'humanité dans le passé, dont à la fois :

   a) la sauvegarde et l'étude permettent de retracer le développement de l'histoire de l'humanité et de sa relation avec l'environnement ;

   b) les principaux moyens d'informations sont constitués par des fouilles ou des découvertes ainsi que par d'autres méthodes de recherche concernant l'humanité et son environnement ;

   c) L'implantation se situe dans tout espace relevant de la juridiction des parties.

3. Sont inclus dans le patrimoine archéologique les structures, constructions, ensembles architecturaux, sites aménagés, témoins mobiliers, monuments d'autre nature, ainsi que leur contexte, qu'ils soient situés dans le sol ou sous les eaux.

Identification du patrimoine, mesures de protection

Art. 3.

En vue de préserver le patrimoine archéologique et afin de garantir la signification scientifique des opérations de recherche archéologique, chaque partie s'engage :

1. A mettre en œuvre des procédures d'autorisation et de contrôle des fouilles, et autres activités archéologiques, afin

   a) de prévenir toute fouille ou déplacement illicites d'éléments du patrimoine archéologique;

   b) d'assurer que les fouilles et prospections archéologiques soient entreprises de manière scientifique et sous réserve que :

   • des méthodes d'investigation non destructrices soient employées aussi souvent que possible ;

   • les éléments du patrimoine archéologique ne soient pas exhumés lors des fouilles ni laissés exposé pendant ou après celles-ci sans que des dispositions convenables n'aient été prises pour leurs présentation, conservation et gestion ;

2. À veiller à ce que les fouilles et autres technique potentiellement destructrices ne soient pratiquées que par des personnes qualifiées et spécialement habilitées ;

3. À soumettre à autorisation préalable spécifique, dans les cas prévus par la législation interne de l'État, l'emploi de détecteurs de métaux et d'autres équipements de détection ou procédés pour la recherche archéologique.